Suivi éditorial : Marie-Laure Deveau
Maquette : Sébastienne Ocampo

29, boulevard Raspail
75007 Paris – France
ISBN : 979-10-285-1179-1

SANDRA FRANRENET

LE LIVRE NOIR DES CANTINES SCOLAIRES

SUCRE, BIO, GASPILLAGE, INÉGALITÉS...
LA VÉRITÉ SUR LES REPAS DE NOS ENFANTS

LEDUC.S ÉDITIONS

À Bianca et Benjamin qui m'ont donné la force
et l'envie de prendre mon rôle de citoyenne à bras-le-corps,

À Rodolphe qui m'a soutenue et épaulée dans ce projet,

À ma maman qui m'a appris l'importance de la nutrition,

À mon père et mon grand-père, fines gueules, qui auraient été si fiers,

À Anne, Antoine, Marie, Samia, Constance, Raki,
Abdé, Sophie, Alexandre, Stan et tous les parents
du collectif « Les enfants du 18 mangent ça »,
sans qui ce livre n'aurait jamais pu voir le jour,

À Philippe Durrèche, ancien directeur de restauration collective et
consultant des collectivités territoriales, qui s'est battu jusqu'au bout
pour tenter d'améliorer la restauration scolaire,

À tous les parents qui se battent pour changer le contenu
de l'assiette de leur marmaille,

Aux professionnels de la restauration
qui croient en la noblesse de leur métier,

Aux élus qui considèrent que nourrir un enfant
est l'une des plus nobles missions de service public.

SOMMAIRE

AVERTISSEMENT

Ce livre est…

- ✔ Un décryptage du fonctionnement des cantines scolaires.
- ✔ Un outil à destination des parents et de toute personne désireuse de comprendre cet univers.
- ✔ Le fruit d'une multitude d'interviews d'experts.

Ce livre n'est pas…

- ✔ Une enquête menée dans toutes les cantines de France et de Navarre.
- ✔ Une étude circonstanciée sur les repas servis aux enfants qui déjeunent à la cantine.
- ✔ Un roman d'espionnage sur les grands groupes de la restauration collective.

Ce livre a la volonté de…

- ✔ Donner envie de regarder de plus près le contenu de l'assiette de nos enfants.
- ✔ Mieux comprendre la composition des plats et leur conséquence probable sur la santé.
- ✔ Montrer qu'il est possible de « bien faire ».
- ✔ Alerter sur les risques probables des barquettes en plastique dans lesquelles certains plats sont conditionnés puis réchauffés.

- ✔ Montrer le manque de volonté politique de certains élus.
- ✔ Dénoncer certaines pratiques des sociétés de restauration collective.
- ✔ Pointer du doigt certaines incohérences de la réglementation.
- ✔ Plaider pour un retour à des cantines intégrées.
- ✔ Inciter les parents à se mobiliser pour agir.
- ✔ Partager le fruit d'une expérience.

N'oubliez jamais que, pour les élus, nous sommes des électeurs avant d'être des parents ! Nous avons le pouvoir d'exiger une alimentation saine pour nos enfants. Nous avons le devoir de les mettre face à leurs responsabilités. Avec ce livre, ils ne pourront plus jamais dire : « *Nous ne savions pas…* »

QUELQUES CHIFFRES

❖ De la maternelle au lycée, deux enfants sur trois en moyenne déjeunent à la cantine au moins une fois par semaine, soit un total de **plus de 7 millions de demi-pensionnaires**[1].

❖ **À Paris, près de 25 millions de repas** sont produits chaque année[2]. La plus petite caisse des écoles sert 1 100 repas tous les jours et la plus importante 15 000.

❖ De la maternelle à la fin du collège, un enfant qui déjeune tous les jours à la cantine ingurgitera à lui seul **2 160 repas** (12 ans d'école [= 36 semaines × 12] × 5 repas hebdomadaires).

❖ Près de **25 % d'un repas** (soit 120 g sur un repas de 500 g) servi à la cantine sont gaspillés[3]. Ce chiffre inclut les déchets qui restent dans l'assiette à la fin du repas, mais aussi les produits

1. ANSES.
2. Paris.fr – paris.fr/services-et-infos-pratiques/famille-et-education/scolaire/la-cantine-2074.
3. Source : ADEME. Opération pilote menée dans 1 000 établissements – primaires et collèges – en 2017.

périssables non consommés à la suite d'une mauvaise évaluation du nombre d'élèves déjeunant à la cantine, les épluchures, etc.

❖ Pour un restaurant d'école primaire de 200 élèves, le gaspillage représente en moyenne, sur une année, 3,4 tonnes, soit l'équivalent de **13 800 repas gaspillés** pour un coût moyen de 20 000 €/an[4].

❖ Pour un **collège** de 500 convives, on estime le gaspillage alimentaire à plus de 10 tonnes par an, soit l'équivalent de **22 000 repas** pour un coût moyen de 33 000 €/an[5].

❖ Pour un **lycée** de 800 convives, on estime le gaspillage à plus de 24 tonnes par an, soit l'équivalent de **40 000 repas** pour un coût moyen de 70 000 €/an[6].

❖ Le marché de la restauration collective (scolaires, entreprises, EHPAD, prisons...) est l'un des premiers marchés de France avec **20,2 milliards d'euros**. Environ **70 %** des collectivités sont en régie directe pour la cantine scolaire et **30 %** en délégation de service public[7].

---

4. Coûts estimés uniquement sur l'achat de denrées alimentaires. Source : *Réduire le gaspillage alimentaire en restauration collective. Guide pratique*, ADEME, 3e dition, avril 2017.
5. Coûts estimés uniquement sur l'achat de denrées alimentaires. Source : *Réduire le gaspillage alimentaire en restauration collective, ibid.*
6. Coûts estimés uniquement sur l'achat de denrées alimentaires. Source : *Réduire le gaspillage alimentaire en restauration collective, ibid.*
7. http://www.themavision.fr/jcms/rw_485341/restauration-collective-les-derniers-chiffres-cles-2016-et-les-tendances-a-venir

INTRODUCTION

AUX CAPTIFS, LA LIBÉRATION !

Chaque midi, durant la demi-heure consacrée au repas dans le réfectoire, nos enfants sont captifs. Parfois ce sont des captifs heureux ! Certaines cantines proposent des plats savoureux, dégustés avec gourmandise. Mais pour un captif heureux, combien souffrent d'avaler un repas fabriqué par un « *marchand de soupe* » ?

Il est temps que cela change.
Aux captifs, la libération !

POURQUOI S'INTÉRESSER AUX CANTINES ?

Vous êtes-vous déjà interrogé sur ce que vos enfants mangent le midi à la cantine ? Je ne parle pas du menu affiché à l'entrée de l'école, mais bien de la **nature**, de l'**origine** ou encore de la **valeur nutritionnelle** des aliments servis ?

Jusqu'à l'entrée en CE1 de mon aînée, je ne me préoccupais guère du contenu de son assiette. Je partais du principe que « *la cantine, c'est la cantine* »; autrement dit, un mauvais moment à passer. Je garde un souvenir dégoûté des œufs durs-épinards qu'on me servait en primaire, et plus encore de la sauce rosâtre qui accompagnait ce classique de la gastronomie scolaire. Globalement, je n'aimais pas ce qui était servi à la cantine. Je ne suis évidemment pas la seule ! Dès que j'évoque ce sujet, les **souvenirs** des uns et des autres remontent. Chacun y va de sa petite anecdote. C'est un champ de conversation inépuisable ! Une dame d'une soixantaine d'années m'a par exemple confié qu'en élémentaire et au collège, elle mangeait systématiquement des épinards les jours où le jardinier tondait la pelouse. Une autre dame du même âge m'a raconté que, dans son école, il y avait beaucoup de chats sauvages. Eh bien, chaque fois qu'il y avait une traque, les gamins mangeaient du lapin le midi ! La viande de chat a, paraît-il, une chair et un goût très proches de celle du lapin. Il n'est possible de distinguer ces deux animaux qu'en comparant la forme de leurs côtes. Il est évidemment fort peu probable que la première ait mangé de la pelouse et l'autre du félin ! Il est amusant en revanche de constater les associations que les enfants sont capables de faire dès qu'il s'agit de cantine. Oui, la cantine peut traumatiser ! Elle est également capable de rompre le début d'une idylle gustative dès le plus jeune âge. Combien de générations de gamins ont été écœurées à vie des choux de Bruxelles ? Tout cela pour dire que je n'ai pas été étonnée que ma fille se plaigne.

Pourtant, pour rien au monde je n'aurais raté ce repas ! J'aimais les grandes tablées du réfectoire. Nous étions six ou huit et, de mémoire, on se plaçait à peu près comme on le souhaitait. Chaque midi, nous récupérions nos serviettes dans notre casier et, une fois installés, nous retournions nos verres Duralex avec empressement pour connaître notre âge du moment. « *J'ai 32 ans !* » Le plus petit (ou le plus grand ?) avait perdu ! On embrayait sur des discussions tantôt banales, tantôt passionnées, mais jamais ennuyeuses.

La cantine constituait parfois un lieu insoupçonné de transfert de connaissances vertical. Je me souviens parfaitement du jour où un petit camarade m'a appris l'existence du mot « damoiseau ». Cette information qui m'avait fait beaucoup rire à l'époque – « *Un damoiseau?!* » – n'a changé ni le cours de ma scolarité, encore moins celui de ma vie, mais qu'importe, j'avais enrichi mon vocabulaire et ma culture générale entre la poire et le fromage. Le réfectoire était un espace libre et convivial où la censure n'existait pas. Mais ce que j'aimais par-dessus tout, c'étaient les interminables récrés qui rythmaient l'heure du déjeuner. Là, nous avions vraiment le temps de jouer. Forcément, quand on met toutes ces considérations dans la balance, la nourriture ne pèse plus si lourd…

Jusqu'à la fin de l'année 2017. Courant novembre, j'ai été amenée à m'intéresser de plus près à ce sujet. *Les Dossiers du Canard enchaîné* préparaient un numéro sur la **malbouffe**. Je leur avais suggéré un papier sur les cantoches. Mine de rien, ce sujet me turlupinait : la maman n'est jamais très loin de la journaliste, et vice versa. Si je n'avais pas décidé d'enquêter, me serais-je rendue à la commission Restauration de la caisse des écoles du 18e arrondissement de Paris? Je l'ignore. Mais une chose est sûre : je serais passée à côté d'un événement qui a pris ensuite un tour déterminant dans ma vie! Ce jour-là, j'ai rencontré des parents formidables, extrêmement préoccupés par la qualité de la nourriture servie à leur progéniture et prêts à en découdre pour faire bouger les lignes décidées de longue date par les élus. Très vite, la journaliste s'est effacée au profit de la maman, et j'ai épousé leur combat. Ensemble, nous nous sommes structurés sous le collectif « Les enfants du 18 mangent ça ». À leurs côtés, j'ai réalisé que le sujet de la cantine dépassait le simple problème du goût; le fameux « *c'est dégueulasse* ». J'ai pris conscience que ma fille mangeait chaque midi ou presque des produits industriels, autrement dit des produits ultratransformés gavés de sucres, de sel, d'additifs et de pesticides.

Ce livre est le fruit d'un **travail collectif**. Il n'aurait pu voir le jour sans la pugnacité d'Anne, Antoine, Marie, Samia, Constance, Sophie, Abé, Alexandre, Raki, Stan… Et tous les autres. Chacun a dégagé du temps et de l'énergie pour décrypter, comprendre, analyser et partager avec les autres le fruit de ses investigations. J'accorde une mention spéciale à Anne qui a été l'élément fédérateur de ce collectif. Elle nous a donné l'impulsion dont nous avions besoin pour nous regrouper et avancer de concert.

Aujourd'hui, nous avons acquis une compétence indiscutable sur la restauration scolaire. Au cours des multiples rendez-vous que nous avons sollicités avec les élus de tous bords, nous nous sommes aperçus que nous en savions plus qu'eux. Nous ne demandons qu'à partager cette expérience.

À L'ORIGINE DE CE LIVRE : UN RASSEMBLEMENT DE PARENTS

Le collectif « Les enfants du 18 mangent ça » est né en janvier 2018 à la suite d'un rassemblement spontané de parents lassés de voir que leurs enfants ne mangeaient rien à la cantine et rentraient affamés le soir. Voici son histoire.

Depuis de longues années (plus de dix ans !), les parents participent aux commissions Menu et Restauration organisées par la caisse des écoles du 18e arrondissement. Chaque fois, on leur ressert la même salade, les principaux points de mécontentement soulevés sont, au mieux, balayés d'un revers de main. Ceux qui râlent le plus fort se voient répondre qu'ils ne sont, je cite : « *pas représentatifs de la majorité des parents de l'arrondissement* » ! Il n'y a pas pire sourd que celui qui ne veut pas entendre, c'est bien connu…

La commission Restauration de décembre 2017, pourtant, ne s'est pas passée comme d'habitude. Elle a réuni beaucoup, beaucoup de parents très mécontents, résolus à peser dans la nouvelle offre de restauration. La période était idéale : le contrat de l'actuel délégataire – la Sogeres – prenant fin au mois d'août 2018, ils savaient que la mairie était en train de plancher sur un **nouveau cahier des charges**. Ils souhaitaient y être associés. À la fin de la réunion, une feuille a circulé pour échanger les adresses e-mail. Cette initiative a été déterminante pour la suite. C'est elle qui a permis au collectif de voir le jour.

Quelques mois avant cette fameuse réunion, Anne, une mère de famille particulièrement remontée, avait pris l'initiative de poster chaque jour sur les **réseaux sociaux** (Facebook[8] et Instagram[9]) une photo du plateau-repas servi à la cantine… Son but : parier sur le choc des images, plutôt que sur le poids des mots. Les commentaires ont fusé, et les parents qui jusque-là ne s'étaient jamais vraiment préoccupés de l'assiette de leur marmaille ont commencé à se poser des questions. Dans leur imaginaire, le petit salé aux lentilles « façon grand-mère » figurant sur le menu ne ressemblait pas à l'horrible bouillie marron servie. Les plus téméraires (et surtout ceux dont l'emploi du temps était le plus flexible) sont même allés visiter le lieu où tout se passe : la **cuisine centrale** !

La cuisine centrale est le lieu qui produit les **14 000** repas servis dans les cantines du 18e. Une fois par mois, la caisse des écoles y

8. facebook.com/lesenfantsdu18mangentca
9. instagram.com/lesenfantsdu18mangentca

organise des visites. Elles ont lieu le matin, en semaine. Les parents qui l'ont visitée ont découvert, je cite encore : « *un environnement inadéquat à la production de 14 000 repas de qualité, qui ressemblait davantage à une usine d'assemblage de produits industriels* ».

Un plat cependant est venu mettre le feu aux poudres : les **allumettes végétales** (bio). Sur la photo[10], on jurerait de la pâtée pour chat ! Elle aurait pu servir de pub pour Sheba. Je doute cependant que les enfants y aient vu une quelconque preuve d'amour... Face à l'impossibilité d'identifier cet aliment, les parents ont réclamé à la caisse des écoles la fiche nutritionnelle de cet ANI (aliment non identifié). Malgré le label « bio » mis en exergue par le prestataire, ils ont constaté qu'il s'agissait d'un produit ultratransformé composé d'un doux mélange de sucres (sucre, amidon de blé, maltodextrine), de gras et de « poudres » diverses !

Fini, les parents isolés ! Grâce aux e-mails échangés lors de la commission de décembre, nous nous sommes rassemblés en un collectif improvisé. Il a naturellement été baptisé : « Les enfants du 18 mangent ça ». Dans ce livre, je citerai plus particulièrement le cas du 18e arrondissement – le plus contrasté de Paris quant à la répartition des richesses –, car c'est celui que je connais le mieux. Je souhaite cependant insister sur le fait qu'ici, la cantine n'est pas pire que dans beaucoup d'autres communes.

En partageant cette expérience, je souhaite montrer aux parents combien il est important de se regrouper. Au moment où j'écris ces lignes, nous n'avons pas (encore ?) révolutionné la cantine. Mais soyez certain que nous nous y employons au quotidien.

10. https://www.facebook.com/lesenfantsdu18mangentca/photos/a.716961338498987.1073741825.716961275165660/744201522441635/?type=1&theater

LA SITUATION EST GRAVE… MAIS PAS DÉSESPÉRÉE !

La situation est-elle grave ? Oui, je le crois.

Pas partout, évidemment. Certaines collectivités font des efforts considérables pour proposer des plats goûteux ou cherchent au moins à améliorer la qualité des repas servis dans les cantines. Mais pour une poignée d'élus qui se sentent vraiment concernés par cette mission de service public, combien s'en contrefichent ? Ou estiment que c'est bien trop compliqué (d'autant qu'en élémentaire, ce n'est même pas un service obligatoire) ? Ferment délibérément les yeux sur la qualité ? Pire, profitent de la malbouffe pour tirer quelques avantages parfois minables (caisses de champagne, bonnes tables dans de grands restaurants…) généreusement offerts par de grosses sociétés de restauration collective (SRC) ?

Je n'ai pas eu la chance de rencontrer **Philippe Durrèche**. Il est décédé un an avant que je ne m'attèle à l'écriture de ce livre. Fin gastronome, il avait créé une société de restauration scolaire à taille humaine avant de se lancer dans le conseil des collectivités publiques via son cabinet RSD. On lui doit notamment le deuxième syndicat professionnel de la restauration collective. Cet homme passionné était pourtant l'un des rares professionnels à avoir le courage de dénoncer les pratiques douteuses des grosses SRC pour faire des marges sur le dos de nos gamins. En lisant ses ouvrages (*Cantines : le règne de la mal-bouffe ?* et le manuscrit qu'il venait de terminer) et en visionnant son intervention dans l'excellent documentaire de Céline Destève, *Les casseroles de la restauration collective*[11], j'ai pris de plein fouet une réalité que je n'imaginais pas. Les industriels ont

11. Sorti sur France 5 le 3 mai 2016. En ligne sur YouTube : https://www.youtube.com/watch?v=EwkXR6KaCoY&t=753s

transformé les cantines de jadis pour déverser une bouffe immonde et malsaine dans les assiettes de milliers d'écoliers.

C'est effrayant, mais nous avons une carte à jouer. Partout en France, des collectifs de parents se montent. Sous leur pression, les collectivités acceptent de revoir, ici le cahier des charges, là les contenants en plastique qui servent à cuisiner et/ou à réchauffer les plats.

Nous avons du pain sur la planche, alors au boulot !

LA CANTINE SCOLAIRE : UNE USINE À GAZ ?

Je ne sais pas pour vous, mais quand on évoque les cantines scolaires, je revois les dames de service poussant un gros chariot garni de plats fumants en Inox, déposés au gré de leur lente progression au bout de chaque tablée. Appétissant ou pas, le repas était préparé dans la cuisine attenante, par un cuisinier.

En 2016, je suis allée déjeuner dans la cantine de ma fille. J'ai été surprise de voir que, dans son école, ce n'étaient pas les cantinières qui allaient aux enfants mais eux qui se déplaçaient vers elles, un plateau à la main. CP comme CM2 : même combat ! La nourriture – triste pitance – n'est pas cuisinée sur place, mais acheminée dans le réfectoire depuis une cuisine centrale dans des barquettes en plastique qui sont ensuite réchauffées.

La cantine de mon enfance était-elle une exception ? En me posant la question, je ne me doutais pas de la complexité de la réponse. Décryptage d'une usine à gaz…

ÉLÉMENTAIRES, COLLÈGES, LYCÉES : À CHACUN SA COLLECTIVITÉ TERRITORIALE

Élémentaires

La cantine à l'école élémentaire (maternelle et primaire) n'est **pas obligatoire**. C'est un « service public administratif facultatif local ». Lorsqu'elle est assurée, elle dépend de la commune.

À Paris, commune composée de 20 arrondissements, la gestion des cantines incombe aux caisses des écoles. La capitale en compte 20, une par arrondissement. Les caisses des écoles sont des établissements publics locaux présidés par le maire d'arrondissement et administrés par un comité de gestion composé de représentants de l'arrondissement et de membres élus ou de droit. Elles sont également chargées de la restauration de certains collèges départementaux et de quelques lycées. Elles fournissent par ailleurs les repas pour les centres de loisirs le mercredi et pendant les vacances scolaires. Elles sont totalement indépendantes dans leur fonctionnement et leur gestion.

Seuls maîtres à bord, les maires décident d'opter pour la **régie directe** ou la **délégation de service public** (DSP).

Collèges et lycées

La restauration scolaire est un **service obligatoire** pour les collèges et les lycées. Dans le premier cas, elle dépend du conseil départemental et, dans le second, du conseil régional.

Vous trouvez cela compliqué? Philippe Durrèche trouvait ça carrément absurde! « *On est confrontés à une réelle aberration : des populations homogènes (les adolescents au collège et au lycée), des territoires homogènes et des décideurs hétérogènes. Magnifique exemple de doublon*[12] *!* » affirmait-il. L'absurdité de ce système monte encore d'un cran lorsque l'on zoome sur leur fonctionnement. Les collèges et les lycées sont des établissements indépendants dirigés par un **conseil d'administration**. « *Le département et la région doivent donc négocier avec chaque établissement pour mettre en œuvre la politique décidée par les élus. Ce n'est donc plus du doublon mais du triplon…* », ironisait Durrèche.

Petite parenthèse sur les cantines des facs : leur gestion dépend du **CROUS** (Centre régional des œuvres universitaires et scolaires). Qui a dit que la France n'aimait pas déconcentrer ses services?

EN RÉSUMÉ

École	Collectivité compétente
Élémentaire (maternelle + primaire)*	Commune
Collège	Département
Lycée	Région
Université	CROUS

*À Paris, 1 arrondissement = 1 caisse des écoles, soit un total de 20 caisses

12. Philippe Durrèche et Jacques Pélissard, *Cantines : le règne de la mal-bouffe?*, Mordicus, 2010.

LES DIFFÉRENTS MODES DE GESTION

Parce que la restauration scolaire est un service public, on a naturellement tendance à penser que la collectivité gère tout de A à Z. La gestion (ou régie) directe n'est cependant qu'une option. Elle peut aussi choisir de déléguer son service public de restauration collective (DSP).

La gestion (ou régie) directe

Lorsqu'elle opte pour une régie (ou gestion) directe, la collectivité prend **intégralement** le service de restauration **en charge** : elle construit et met en service les cuisines, les salles de restauration et des locaux adaptés ; maintient et renouvelle le matériel ; élabore les menus ; gère l'approvisionnement ; contrôle l'hygiène et la sécurité ; élabore les plats, s'occupe de la comptabilité (perception du prix des repas et gestion des impayés), etc.

La collectivité a cependant la possibilité d'externaliser une ou plusieurs de ces prestations (en dehors de la surveillance des enfants durant la pause méridienne, qui lui incombe obligatoirement) : approvisionnement, transformation des matières premières, préparation et/ou livraison des repas, élaboration des menus, contrôle de l'hygiène et de la sécurité, comptabilité, nettoyage des locaux… On parle alors de « **gestion semi-déléguée** ».

La régie est un mode de gestion particulièrement lourd, surtout pour les collectivités qui passent des achats supérieurs à 25 000 € HT. Dans ce cas, elles doivent publier un appel d'offres (« procédures formalisées » en novlangue !) afin de mettre les prestataires en concurrence.

En cas de pépin, la collectivité peut être déclarée civilement et pénalement **responsable**.

Anxieux à l'idée de se retrouver derrière les barreaux, certains maires ont demandé, au milieu des années 1980, s'ils avaient le droit de déléguer ce service facultatif à des prestataires privés.

Le Conseil d'État leur a répondu positivement dans un avis du 7 octobre 1986. Cet avis a été entériné dans une circulaire du 13 avril 1988 relative au modèle de contrat pour la concession ou l'affermage du service de restauration scolaire du premier degré. Depuis cette date, les collectivités n'ont plus de scrupules à recourir à la délégation de service public.

La délégation de service public

Définition

Depuis la circulaire du 13 avril 1988, la délégation de service public (DSP) peut être « *aussi large que possible* ». Pour comprendre ce mode de gestion, j'ai interrogé M. Patrick du Fau de Lamothe, consultant diplômé d'expertise comptable qui s'est notamment illustré dans l'émission *Cash Investigation* sur le business de l'eau[13] diffusée en mars 2018. Le travail minutieux de ce juriste spécialiste des contrats de délivrance de l'eau a contraint la compagnie Suez – délégataire – à rembourser 233 millions à la communauté urbaine de Bordeaux. La DSP, ça le connaît !

13. https://www.youtube.com/watch?v=IZFkrXduDP4

La délégation de service public est, comme son nom l'indique, un mode de gestion dans lequel la collectivité – appelée le « **délégant** » – choisit de confier la gestion d'un ou plusieurs services publics qui lui incombent normalement (l'eau, la restauration collective...) à un prestataire appelé « **délégataire** ».

> « La DSP peut prendre deux formes : la concession ou l'affermage », introduit Patrick du Fau de Lamothe. « La première est la forme la plus large : le délégataire fait tout ! Si l'on prend l'exemple de la cantine, il va construire la cuisine – si elle n'existe pas, et donc apporter les financements nécessaires –, élaborer les menus, acheter les denrées, cuisiner voire livrer les repas, recouvrer les factures... L'affermage est une forme de DSP plus atténuée. La collectivité publique met des moyens à disposition de son prestataire (une ou des cuisines, du matériel pour cuisiner...), qui va se contenter d'assurer l'exploitation du service (ici, la restauration). Petit bémol : le délégataire peut néanmoins être amené à procéder à certains renouvellements comme la remise aux normes de la cuisine. »

Les collectivités qui optent pour une DSP abandonnent une partie de leur pouvoir. Leur marge de manœuvre est donc réduite, mais « *déléguer ne signifie pas privatiser !* insiste Patrick du Fau de Lamothe. *L'autorité délégante reste malgré tout responsable de la bonne marche du service* ».

La délégation est limitée dans le temps

La délégation ne peut jamais être illimitée. L'article 34 de la très récente ordonnance n° 2016-65 du 29 janvier 2016 relative aux contrats de concession indique que ces contrats sont « *limités dans leur durée. Cette durée est déterminée par l'autorité concédante en fonction de la nature et du montant des prestations ou des investissements demandés au concessionnaire, dans les conditions prévues par voie réglementaire* ».

La délégation ne signifie pas « pleins pouvoirs »

Attention, délégation ne signifie pas « pleins pouvoirs » pour le prestataire privé qui décroche le marché ! La collectivité reste responsable de son service public, y compris sur le plan pénal. « *Ce mode de gestion peut être tentant pour plein de raisons, mais quelles qu'elles soient, le délégant ne doit pas oublier qu'une DSP, ça se contrôle !* » rappelle Patrick du Fau de Lamothe. Nous en reparlerons ultérieurement.

EN RÉSUMÉ

Régie directe : La collectivité territoriale (commune, département, région) assure directement la gestion du service public concerné (ici, la cantine). Elle décide et contrôle les marchés publics, la qualité et le coût du service, la gestion du personnel... Les biens nécessaires à l'exploitation du service public (la ou les cuisines et leur équipement) lui appartiennent. Ils sont financés par le budget de la collectivité. Le personnel recruté n'a pas forcément le statut de fonctionnaire.

DSP : La collectivité territoriale (autorité délégante) confie temporairement la gestion du service public dont elle a la responsabilité à un délégataire (ici, une société de restauration collective). Le délégataire se rémunère en exploitant le service et en supporte les risques. La collectivité territoriale reste responsable de l'activité qu'elle a déléguée (ici, le service de restauration scolaire) et se doit de contrôler son délégataire. Le personnel est rattaché à la société de restauration privée et garde son statut de fonctionnaire s'il l'avait auparavant.

Régie directe ou DSP : même combat ! Les collectivités ont l'entière responsabilité du service de restauration collective. En cas de problème de sécurité alimentaire, leur responsabilité pénale peut être engagée.

DE LA RÉGIE DIRECTE À LA DÉLÉGATION DE SERVICE PUBLIC

La régie directe est une mission lourde pour une collectivité, aux conséquences potentiellement graves. Mais le passage de la régie directe à la DSP n'a pas été dicté par ces seules considérations.

« *À partir des années 1980, les sociétés de restauration collective ont utilisé un argumentaire qui tenait en trois volets : professionnalisme des équipes, maîtrise des coûts, maîtrise sanitaire* », enseigne Christophe Hébert, président d'AGORES, une association nationale des directeurs de la restauration collective qui milite pour le maintien ou le retour à la régie directe. Et à l'entendre, tout n'était pas faux dans ce discours ! Le service public partait de loin. Il avait besoin d'être professionnalisé. Un événement est venu renforcer ce besoin de professionnalisation : des **normes d'hygiène** très strictes (dont la France a le secret) avec, à la clé, des **contrôles vétérinaires** drastiques. Effrayées à l'idée de mal faire (et de se faire sanctionner), beaucoup de collectivités ont jugé plus prudent de déléguer à des pros du secteur : les sociétés de restauration collective (SRC).

Une option que Christophe Hébert déplore. Pour le président d'AGORES, la délégation de service public :

« vise essentiellement à nourrir des actionnaires et s'inscrit dans un schéma économique qui va à l'encontre de la fabrication maison et des produits frais transformés sur place. La qualité de ce qui se trouve dans l'assiette est forcément le point d'équilibre des SRC, et c'est précisément là qu'elles essaient de tirer. Les exceptions existent certainement mais, globalement, en DSP, la qualité n'est pas au rendez-vous. »

Voilà qui est dit !

Passer de la régie directe à la DSP, et inversement, est une démarche lourde de sens pour une collectivité. Cela implique un changement de gouvernance et de nouvelles charges potentiellement considérables (construction ou remise en état de cuisine centrale...). Pourtant, cette décision est prise de manière totalement discrétionnaire par nos élus, presque sur un simple coup de tête !

Contrairement au système en vigueur chez nos voisins anglo-saxons (*gateway review*), les décideurs publics ne sont absolument pas contraints de réaliser une étude d'impact permettant d'étayer ou de justifier cette décision.

Un système bien huilé ?

Dans le manuscrit qu'il venait de terminer avant que la maladie ne l'emporte, Philippe Durrèche décrit le côté sombre de la DSP.

« Le système si bien huilé a commencé à vriller dès le départ. Les recettes attendues dans ces contrats pourris étaient calculées sur la base de chiffres de fréquentation qui se sont avérés soit faux – avec la mauvaise foi des élus qui voulaient obtenir le prix le plus bas possible –, soit erronés parce que, avec la fin de la cantine à papa et l'arrivée des barquettes modernes de la liaison froide, de nombreux usagers ont quitté les cantines, en particulier tous les adultes (instituteurs et personnel d'accompagnement des enfants). La réduction du nombre de repas a entraîné *ipso facto* une augmentation des prix, et nombre de maires ont commencé à se mordre les doigts d'avoir signé un aussi mauvais contrat pour une aussi longue période. Mais retenus par un contrat plutôt béton ou du fait qu'ils étaient eux-mêmes en quelque sorte "tenus" pour des motifs peu avouables, bien peu ont résilié leur contrat ou l'ont courageusement renégocié.

Pour ceux qui ont continué, leurs exploitants – on devrait dire leurs exploiteurs – ont alors enclenché une vraie machine infernale qui allait tout broyer. Ils ont décidé de se servir des cuisines financées par les villes pour produire et livrer des repas aux clients des marchands de soupe, les petits restaurateurs indépendants. D'une clientèle privée et de marchés fermés, ces exploitants – il y en avait trois : Générale de Restauration de M. Borel, Sodexo de M. Bellon et Sogeres de M. de Galembert – abordaient, au sens d'abordage, le marché des repas livrés. Produisant des repas avec des cuisines qu'ils n'avaient pas payées – dans le pire des cas, avec une charge limitée à une simple redevance directement liée au nombre de repas produits –, l'avantage concurrentiel en termes de prix qui allait en sortir contre les traiteurs qui, eux, devaient prendre des risques en construisant leurs propres cuisines, allait dicter sa loi d'airain et faire disparaître la quasi-totalité de la profession de marchands de soupe ("traiteurs pour collectivités"). »

Si la cantine de votre enfant est en DSP, qui plus est en liaison froide (*cf.* page 50), interrogez le.la directeur.trice de l'école sur le nombre d'adultes (et notamment d'enseignants) qui y déjeunent. Sa réponse en dira probablement long sur la qualité des repas…

« *À moins de 30 000 repas par jour, un contrat n'est pas rentable pour une SRC. Elle va donc chercher à rentabiliser la cuisine centrale en multipliant les contrats* », ajoute Christophe Hébert, fervent militant de la régie directe. C'est le cas dans le 18e arrondissement de Paris. La Sogeres utilise la cuisine centrale (qui appartient à la ville) – pourtant trop petite et vétuste – pour les 14 000 écoliers de cet arrondissement, mais aussi pour les 2 000 enfants du 2e et pour les personnes âgées d'un EHPAD. En échange, elle verse une redevance à la mairie du 18e.

La **redevance versée** est-elle à la hauteur des économies réalisées par la SRC ? C'est loin d'être sûr, à entendre notre interlocuteur :

> « La société de restauration qui dispose d'une même cuisine centrale pour plusieurs clients va chercher à minimiser les charges fixes et à jouer sur les charges variables. Concrètement, elle va négocier de meilleurs prix, car les volumes seront plus importants, réaliser des économies d'énergie ou encore compresser le personnel, qui sera en outre concentré sur un seul site. »

Dans cette histoire, il semble bien que la collectivité qui loue sa cuisine centrale se transforme en dindon de la farce. Pourquoi ? « *Pour attirer de nouveaux clients, la SRC doit proposer des tarifs hyperattractifs, bien inférieurs à ceux facturés à la collectivité qui lui loue la cuisine. Cette dernière paie en quelque sorte pour les autres* », répond Christophe Hébert. Il y a quelques années, une commune en région parisienne a fini par se rendre compte qu'elle se faisait pigeonner et a résilié son contrat avec la SRC. À force de jouer avec le feu, on finit par se brûler…

CHARGES FIXES, CHARGES VARIABLES ET JEU DE DUPE !

Les **charges fixes** concernent les charges liées à la structure. Elles sont indépendantes du fonctionnement de l'activité. Si on prend l'exemple d'une cuisine centrale, elles vont englober les salaires du personnel administratif (gestion des paies, recouvrement), les dépenses d'amortissement, les coûts de fonctionnement (chauffage, électricité), le loyer, etc.

Les **charges variables** constituent les charges liées au fonctionnement de la cuisine centrale. Par exemple l'achat des denrées, la préparation et la livraison des repas dans les restaurants satellites, les salaires du personnel opérationnel (cuisiniers, cantiniers), etc.

Quel système revient le moins cher à la collectivité ?

C'est la question qui fâche !
À Paris, le 18e est le seul arrondissement en DSP. C'est aussi celui qui a le prix réel de revient le plus élevé[14] (comparé à des arrondissements similaires). Est-ce un hasard ?

14. 7,02 € contre 6,02 € dans le 20e, par exemple.

« *Les SRC sont constituées de manière pyramidale. Il faut rémunérer tout le monde : les chefs de secteur, les chefs d'agence, les diététiciens, les formateurs, les directeurs qualité, les sous-directeurs, le président… Et bien sûr les actionnaires* », introduit Alain Gaborit, ancien directeur commercial d'une société leader de restauration collective[15], aujourd'hui consultant pour des collectivités publiques. En outre, aucun des services proposés n'est gratuit. « *En DSP, la gestion des achats, la qualité, l'animation, le marketing, les formations… Tout est refacturé et, évidemment, pas à prix coûtant ! Les SRC font des marges sur la moindre intervention alors qu'en régie, les services profitent à différents départements ; les coûts sont donc mutualisés* », commente en connaissance de cause Hugues Fortuna, qui a été responsable régional pour Elior avant de prendre la tête de la cuisine centrale d'Avignon.

Reste le problème de l'**attractivité**.

Si elles reviennent beaucoup plus cher que la gestion directe, les SRC vont faire fuir le chaland ! Pour s'aligner, elles n'ont donc qu'une solution : tirer les **prix des denrées alimentaires** vers le bas. « *Il ne faut pas leur demander en plus la qualité des repas. Cela relèverait du miracle, une sorte de multiplication des pains que personne n'a jamais réussi à refaire* », ironisait Philippe Durrèche dans *Cantines : le règne de la mal-bouffe ?*.

« *À qualité égale, la DSP revient forcément plus cher. Une SRC qui pratique des tarifs capables de rivaliser avec la régie directe mégote forcément sur les produits* », assure Hugues Fortuna, avant de révéler que, depuis que sa municipalité est repassée en gestion directe, les économies réalisées sont de l'ordre du demi-million annuel.

15. Elior, Sodexo (et sa filiale Sogeres), Compass.

Des chiffres à faire pâlir d'envie le premier gestionnaire de cantine! Oui mais… Si le challenge est tentant pour les collectivités qui servent quelques milliers de repas quotidiens, l'enjeu n'est pas le même pour celles qui dépassent les 10 000. On ne trouve pas une équipe aux épaules suffisamment solides pour assurer un service aussi conséquent sous la toque du premier chef venu. Surtout avec la technicité mise en place dans les cuisines depuis les années 1980.

PRIX DE REVIENT RÉEL (PRR) DU PLATEAU-REPAS

Manger à la cantine, combien ça coûte? Si vous vous risquez à poser cette question, vous serez étonné de voir combien ce chiffre est compliqué à obtenir! C'est pourtant de l'argent public…

Gare aux confusions, les denrées alimentaires ne constituent qu'une partie du coût. D'après Marie-Cécile Rollin, directrice du réseau Restau'co*, ces dernières s'élèvent environ à 2,76 €, soit 40 % du PRR. Le reste est composé des coûts du transport et de la livraison si le repas est préparé en cuisine centrale, de la masse salariale (le personnel administratif et opérationnel), de l'amortissement des bâtiments (la cuisine centrale et/ou les cuisines intégrées) et des équipements, des investissements, des coûts de fonctionnement (consommation d'énergie…), etc.

Une enquête réalisée en 2008 auprès de 70 établissements d'Île-de-France a montré que le PRR moyen était de 7,95 € (1). Dans certaines collectivités, il peut monter jusqu'à 15 €.

20 % des repas ne sont pas payés (gratuité du repas ou factures impayées).

* Réseau qui anime la restauration collective en gestion directe

TARIFS

Que l'on soit en régie directe ou en DSP, le tarif le plus élevé ne doit pas dépasser le prix de revient réel du plateau. En clair, si le PRR s'élève à 7 €, la collectivité ne pourra pas le facturer plus cher aux parents. Les subventions publiques octroyées à la collectivité permettent aux parents de payer la cantine en fonction de leurs ressources. Seuls les ménages les plus aisés paient réellement le PRR. Les autres n'y contribuent que pour partie.

Repasser en régie directe après une DSP

Pourquoi les collectivités rechignent-elles à repasser en régie directe, même lorsqu'elles ne sont pas satisfaites de leur DSP ?

> « Parce que le coût du personnel opérationnel (cuisiniers, cantinières) est très cher. Et puis il y a le problème du turnover, des arrêts-maladies : quand il y a des absents – et là je pense particulièrement au cuisinier –, il faut les remplacer. Cela suppose de recourir à l'intérim, mais là encore c'est cher et compliqué », répond le consultant Alain Gaborit.

En outre, l'**achat des denrées** est susceptible de se transformer en véritable casse-tête : il faut du personnel qualifié pour lancer des appels d'offres et négocier les produits au bon prix (sachant que la collectivité, sauf exception, ne peut pas se reposer sur une centrale d'achat équivalente à celle d'une grosse SRC capable de tirer les prix vers le bas).

La question des locaux peut enfin constituer un vrai frein si les repas étaient préparés dans une cuisine centrale appartenant au délégataire. Dans ce cas, la collectivité va devoir (ré)aménager et équiper son ou ses lieux de production. Les montants peuvent vite devenir astronomiques.

« *Finalement, une DSP, c'est beaucoup moins de tracas!* » résume simplement notre expert.

Malgré ces freins, certains élus engagés ont pris le parti d'abandonner la DSP pour repasser en régie directe. C'est notamment le cas des communes d'Avignon et de Nice.

Avignon

Depuis septembre 2015, Avignon est repassée en régie directe. Cette décision a été dictée par la nouvelle majorité élue en 2014. Avant cette date, la commune était en DSP depuis seize ans, avec comme prestataire Compass Groupe France.

INTERVIEW D'HUGUES FORTUNA, DIRECTEUR D'EXPLOITATION DE LA CUISINE CENTRALE

Combien de couverts la restauration scolaire représente-t-elle en Avignon ?

Nous sommes à 600 000 couverts par an, soit environ 4 000 couverts/jour.

Quel est le mode de préparation des repas ?

Nous avons conservé le système de liaison froide. Les repas sont préparés dans une cuisine centrale, puis acheminés vers les 37 restaurants satellites.

Pourquoi la municipalité a-t-elle décidé de repasser en régie directe après seize ans de DSP ?

Tout simplement pour permettre aux enfants de mieux manger à la cantine. Cela suppose de cuisiner davantage, mais aussi d'être attentif aux approvisionnements.

Les petits Avignonnais mangeaient-ils beaucoup de produits ultratransformés quand vous étiez en DSP ?

Ils consommaient pas mal de produits issus de l'agroalimentaire, mais ce n'était pas le seul problème. La qualité, c'est d'abord l'origine des produits et le choix des pièces. On peut avoir le meilleur comme le pire, même avec de la viande d'origine française. Une vieille vache laitière ne remplacera jamais un jeune bœuf, quelle que soit la recette.

Quel a été l'impact du changement de mode de gestion sur votre poste ?

J'ai gagné en liberté ! Je reste bien sûr soumis aux règles très contraignantes du code des marchés publics, mais aujourd'hui je peux privilégier les produits locaux. Cela induit des petites pirouettes pour rester dans les clous de la législation, mais désormais je me déplace chez les producteurs ; je sais d'où viennent les fruits et les légumes que j'achète.

Depuis septembre 2015, y a-t-il davantage de produits locaux dans les assiettes des enfants ?

Locaux et bio ! On a dû passer de 3 % de local et 10 % de bio à 30 % de bio et de local.

Quelles sont les principales difficultés auxquelles vous avez été confronté ?

Après seize ans de DSP, la municipalité n'avait plus aucune compétence en interne dans le domaine de la restauration scolaire. Seule la cuisine centrale appartenait à la ville. Il a fallu tout réinventer.

Réinventer, qu'entendez-vous par là ?

Réinventer, cela signifie acheter un logiciel métier et apprendre à le remplir. Or, on ne peut le remplir qu'à partir des marchés obtenus et notifiés. Il a donc fallu nous familiariser avec le code des marchés publics et passer nos premières commandes. Croyez-moi, c'est loin d'être simple ! Il faut connaître les grammages, les taux de perte...

Réinventer, cela signifie aussi appréhender l'hygiène, la sécurité, l'accompagnement, le nettoyage. Cela signifie encore remplir un dossier pour obtenir un agrément sanitaire européen permettant de livrer les repas. Une vraie partie de plaisir... Heureusement, nous avons été accompagnés par l'EPARCA, établissement public administratif de la restauration collective d'Arles. Leur soutien a été très précieux.

Comment avez-vous géré la question des ressources humaines ?

Les RH, c'est souvent ce qui effraie le plus les collectivités. En Avignon, nous avons proposé au personnel de la cuisine centrale de devenir du personnel municipal. Ils ont tous accepté. Ces nouveaux salariés sont devenus l'élément de compétence initiale. Il a ensuite fallu faire comprendre au personnel des restaurants satellites – qui était déjà du personnel municipal – que, dorénavant, nous étions tous sur le même axe. Terminé, les relations de fournisseur à client ! C'est le département RH de la mairie qui s'occupe de ce volet. En cas d'absences, nous ne recourons plus à l'intérim. Nous avons la chance d'avoir un taux d'absentéisme très faible, mais s'il manque quelqu'un, nous nous débrouillons en interne en pratiquant des glissements de postes. Certaines tâches n'existent plus, d'autres qui n'existaient pas sont venues s'ajouter, comme le suivi des fournisseurs. Tout le monde a changé de fiche.

Quel bilan dressez-vous trois années après le passage en régie directe ?

Si je devais résumer, je dirais que la première est une année de découverte ; la deuxième, une année de compréhension ; et la troisième, une année de correction. C'est une belle réussite, mais tout n'est pas encore gagné.

Le gaspillage a-t-il diminué ?
Tout dépend du restaurant satellite concerné, ce qui montre bien l'importance de travailler en permanence sur l'éducation au goût auprès des enfants avec du personnel qualifié.

Quels conseils donneriez-vous aux collectivités tentées par un retour à la régie directe ?
La volonté politique est indispensable, mais insuffisante. Pour que le pari réussisse, il faut convaincre les artisans de sa mise en œuvre, autrement dit le personnel de cantine. Sans son adhésion, il n'y aura personne pour convertir l'impulsion de départ en axe stratégique défini.

Nice

La ville de Nice est également repassée en régie directe en 2011. N'ayant malheureusement pas pu m'entretenir avec une personne de la municipalité, j'ai néanmoins réuni quelques informations.

Trois raisons ont conduit à l'abandon de la DSP :
- ✔ Contrôler, de manière plus directe, la qualité des produits servis aux enfants et au personnel, sans passer par le biais d'un délégataire.
- ✔ Augmenter la qualité des prestations dans les assiettes par l'introduction de produits labellisés et du bio dans les repas, privilégier les circuits courts.
- ✔ Maintenir le budget dédié à la restauration scolaire en supprimant la « case délégataire ».

Depuis le passage en régie directe, les produits issus de l'**agriculture biologique** dans l'assiette des petits Niçois ont progressivement augmenté, pour atteindre 38 % en 2016. Par ailleurs, la quasi-totalité des viandes utilisées est issue du Label Rouge. Après six ans de reprise en régie, la fréquence des plats réalisés sur la cuisine a doublé. Ils sont désormais préparés par un chef étoilé : Sébastien Mahuet.

L'option médiane pour les communes : le syndicat pour la restauration collective

Certaines communes peuvent aussi décider de se regrouper pour mutualiser la préparation (voire la livraison) de repas au sein d'un **syndicat intercommunal**. Sur le plan juridique, il s'agit d'un établissement public de coopération intercommunal soumis au code des marchés publics, administré par des représentants élus de chaque commune adhérente qui, ensemble, constituent l'organe délibérant appelé « **comité syndical** ».

En mutualisant leurs moyens et leurs ressources, les communes augmentent leur puissance d'achat et donc leur capacité à négocier les tarifs des denrées, tout en rationalisant leurs investissements pour appliquer les règles d'hygiène sanitaire, sans passer par un prestataire privé.

En tapant dans n'importe quel moteur de recherche les mots « syndicat pour la restauration collective », on constate qu'il en existe une multitude sur notre territoire : Syrec, SIREST, SIRC, SIRCO, SIRESCO…

Si ce système peut se comprendre pour les petites collectivités, on peut s'interroger sur sa pertinence dans les plus grandes. On peut également questionner la motivation de ceux qui cherchent à agréger un nombre exponentiel de communes. L'exemple du **SIRESCO** est à ce titre assez édifiant.

Figurant parmi les premiers syndicats intercommunaux, le SIRESCO a été créé en 1993 par les mairies de Bobigny et Champigny-sur-Marne, historiquement communistes. L'unité de production était basée dans la première et les repas livrés dans les écoles élémentaires de ces deux collectivités. Il suffit de déplier une carte d'Île-de-France pour constater que 16 km et 4 communes au moins séparent Bobigny (93) de Champigny (94). En 1999, Mitry-Mory les rejoint. Implantée dans le 77, cette commune se situe à 40 km de la cuisine centrale de Bobigny. Côté bilan carbone : peut mieux faire ! Quinze ans plus tard, le SIRESCO produit et livre 40 000 repas préparés à Bobigny et à Ivry-sur-Seine, puis acheminés sur une vingtaine de communes (réparties sur 5 départements[16]), dont Saint-Vaast-lès-Mello, localisée dans l'Oise, à 60 km de Bobigny.

À l'heure où j'écris ces lignes, Didier Guillaume, le maire de Choisy-le-Roi (94), est en passe de faire adhérer sa commune à ce syndicat. Si la démarche aboutit, le SIRESCO récupérera 3 200 repas supplémentaires et, élément non négligeable, la cuisine centrale de cette commune.

Un rapprochement loin d'être consensuel, à entendre Ali Id Elouali. « *Il s'agit d'une décision arbitraire. Le maire n'a organisé aucune concertation avec les parents d'élèves, pourtant concernés au premier chef par ce projet* », ne décolère pas cet élu écologiste de la majorité. Son courroux est d'autant plus fort que l'alimentation était au cœur du programme, et même de l'accord électoral entre les écologistes et les communistes lors des élections de 2014. « *Quatre ans après, qu'est-ce qu'on vient proposer aux Choisyens ? Une alimentation industrielle !* » tempête-t-il.

16. 60, 77, 93, 94, 95.

L'exemple du SIRESCO constitue une transition idéale pour entrer dans le détail des différents modes de production des repas. Une autre tambouille que voilà…

LES DIFFÉRENTS MODES DE PRODUCTION

Indépendamment du mode de gestion (régie ou DSP), la collectivité territoriale a le choix entre deux modes de production des repas : la **cuisine de préparation sur place**, ou intégrée, et la **cuisine centrale**.

La cuisine de préparation sur place ou intégrée

Si la configuration des lieux le permet – autrement dit si l'établissement scolaire est pourvu d'une « cuisine de préparation sur place » ou cuisine intégrée –, la collectivité peut décider que les repas seront produits *in situ*. Ce fonctionnement est le plus proche de celui de la cuisine familiale. Le cuisinier est en contact direct avec les élèves. Il connaît son public et ses goûts.

De là à ériger ce système en panacée, il n'y a qu'un pas qu'il ne faut pas forcément faire. Avoir un cuisinier, c'est bien. Avoir un cuisinier qui achète de bons produits et qui sait les cuisiner, c'est mieux !

D'après Alain Gaborit, ancien directeur commercial d'une SRC, il y aurait davantage de cuisines intégrées dans les collèges et les lycées que dans les écoles. La raison ? Les ados seraient plus difficiles que leurs jeunes cadets ! Pour satisfaire leurs envies, il faut les connaître, savoir ce qu'ils veulent manger… Et idéalement leur proposer plus de choix à chaque repas (plusieurs entrées, éventuellement deux accompagnements). Les process des cuisines centrales étant industriels, ils se prêtent mal à la confection de repas à choix multiples.

Toujours d'après Alain Gaborit, les collégiens et lycéens seraient aussi « plus râleurs »! « *Si tous les collèges se mettaient à râler, ça ferait du bruit dans les journaux. Alors qu'à l'échelle d'une municipalité, si ce n'est pas bon, ça va intéresser qui ?* » questionne-t-il.

La cuisine centrale

La cuisine centrale est un lieu de production externe qui permet d'élaborer les repas pour plusieurs, voire toutes les cantines d'un même **périmètre géographique déterminé** (la ville, l'arrondissement, la communauté de communes...). Au lieu de multiplier les petites cuisines intégrées partout et d'y installer chaque fois une équipe, la collectivité rationalise ses effectifs en regroupant chef et petites mains au sein d'une grande cuisine centrale. Les repas produits sont ensuite acheminés vers les restaurants satellites, c'est-à-dire les réfectoires scolaires.

LE PASSAGE DES CUISINES INTÉGRÉES AUX CUISINES CENTRALES

À partir de la fin des années 1980-début des années 1990, plusieurs collectivités ont abandonné les cuisines intégrées pour des cuisines centrales.

Plusieurs facteurs expliquent ce passage :

- l'arrivée de nouveaux élèves (surtout dans les grandes villes), entraînant une chasse aux mètres carrés dans les établissements saturés ;
- des nouvelles normes d'hygiène rendant les cuisines intégrées obsolètes ;

→

- du personnel pas forcément bien formé et/ou pas en mesure d'assurer une certaine régularité dans le travail ;
- la naissance de la liaison froide.

LA « MARCHE EN AVANT » HYGIÉNISTE, GRANDE MARCHE ARRIÈRE ?

Les règles édictées par les hygiénistes, contrôlées par les services vétérinaires, ont largement contribué à rendre les cuisines intégrées obsolètes et ont poussé les collectivités à se tourner vers les cuisines centrales.

La remise aux normes des cuisines contraignait notamment les collectivités à :

- maintenir toutes les denrées en zone froide (température inférieure à 3 °C) ;
- mettre en place la « marche en avant » : ce qui est propre ne doit jamais croiser ce qui est sale. Une carotte lavée et épluchée ne doit donc jamais croiser une carotte terreuse.

Rien n'interdit de faire entrer des légumes terreux dans une cuisine, mais fort de ce principe de « marche en avant », la tentation a été grande de remplacer les produits bruts par ceux de 4e gamme (*cf.* page 159), des conserves et des surgelés… importés de l'Europe entière.

« *Le passage de la cuisine traditionnelle à la cuisine industrielle a nécessité l'utilisation de produits surgelés et en conserves dont le premier défaut est qu'ils ont perdu une grande partie de leurs enzymes. On est dans le règne du prix le plus bas possible* (2). »

Philippe Durrèche

LE PIÈGE DE LA CUISINE CENTRALE

1/ Quand la collectivité fait financer sa cuisine centrale par le privé

Ces cuisines centrales, il a fallu les construire. Évidemment, ça coûte cher ! Le recours aux contrats de délégation, voire aux PPP (partenariat public-privé), a permis de répondre à ce problème. Concrètement, l'entreprise privée construit la cuisine centrale et la collectivité la rembourse sur une durée allant généralement de quinze à vingt ans. Pendant cette période, la collectivité est piégée ; elle ne peut pas sortir du contrat ou alors à des conditions tellement pénalisantes qu'elle « préfère » rester. Après une aussi longue période, quand les habitudes sont prises et que les compétences ont disparu en interne, il devient alors très compliqué de faire machine arrière. Cerise sur le gâteau : lorsque la collectivité récupère la cuisine centrale au bout d'une vingtaine d'années, elle n'est plus aussi moderne ! En outre, la SRC n'a pas forcément effectué tous les investissements nécessaires à son entretien, lequel est pourtant prévu au contrat. Il faut donc potentiellement la remettre en état et réinvestir dans du matériel. Or, ça coûte cher...

NB : Certaines collectivités ont construit leur cuisine centrale sans passer par le privé. Elle peut alors être gérée par la ville en régie directe ou utilisée par un prestataire privé, en délégation de service public.

2/ Quand la collectivité utilise une cuisine centrale privée

Certaines collectivités n'ont ni cuisine intégrée ni cuisine centrale. Elles ont juste gardé un simple office et des fours pour réchauffer le repas si la livraison est froide. Pour remplir leur mission de restauration scolaire, elles sont donc contraintes de recourir aux services d'un prestataire privé (DSP) qui possède une cuisine centrale. Le documentaire *Les casseroles de la restauration collective* montre les coulisses de la cuisine centrale de Sodexo à Nancy, présentée comme un modèle du genre. Difficile, voire impossible dans ce cas, de revenir en régie directe.

Dans les cuisines centrales, véritables lieux détachés, les cuisiniers ne voient jamais les élèves et travaillent des quantités très importantes, parfois même énormes.

> « À titre d'exemple, l'équipe de la cuisine centrale du 18e produit et livre chaque jour 14 000 repas pour les écoles de cet arrondissement, ainsi que 2 000 repas supplémentaires pour les écoles du 2e, et plusieurs centaines pour un EHPAD. Les deux cuisines centrales du SIRESCO, quant à elles, fabriquent au total 40 000 repas. »

Bien sûr, on n'élabore pas 14 000 repas en un claquement de doigts ! 40 000 encore moins. Cela demande de l'organisation, surtout pour les produire en un temps record. Heureusement, il y a la **production industrielle**.

Au moment où j'effectuais mon travail d'enquête, j'ai rencontré Corinne[17]. Il y a plus de dix ans, cette femme a effectué son apprentissage dans une cuisine centrale d'Île-de-France gérée par Sodexo. Son retour d'expérience est affligeant :

> « Là-bas, on ne cuisinait pas ; on assemblait des produits déjà préparés avant de les conditionner dans des barquettes en plastique. Chacun occupait un poste bien précis. La personne en bout de chaîne collait une étiquette sur les barquettes avant de les envoyer en cellule de refroidissement. Ce n'était pas ce que j'avais en tête quand j'ai voulu faire ce métier ! Moi, j'avais envie d'être en contact avec

17. Le prénom a été changé.

l'aliment : mettre de l'huile dans une casserole, y jeter une bavette, l'assaisonner et voir le résultat une fois les légumes dans l'assiette. »

J'ignore si toutes les cuisines centrales ressemblent à celle décrite par Corinne. Certaines sortent certainement du lot. J'ignore également si tous les grands groupes rationalisent à ce point les tâches de leur personnel. En revanche, ce que cette cuisinière décrit, je l'ai constaté de mes yeux dans la cuisine centrale du 18e. Lors de ma visite en janvier 2018, cette « usine d'assemblage » n'était pas gérée par Sodexo, mais par la Sogeres… filiale de Sodexo !

Dans ces lieux de production (difficile de les appeler encore « cuisines »), les trancheuses à jambon ont disparu au profit d'ouvre-boîtes géants. Les chambres froides ont progressivement colonisé l'espace pour accueillir les stocks de surgelés. On est loin d'une cuisine où l'on entend des petits plats qui mijotent. Les effluves qui chatouillent les narines sont déplaisants. Oui, « ça pue » ! La vue n'est guère logée à meilleure enseigne. Je me souviens d'une grosse marmite qui glougloutait à plein régime. Des bulles grisâtres éclataient au-dessus d'un employé occupé à touiller. Devant ma mine mi-dégoûtée, mi-interrogative, la jeune femme qui m'accompagnait a tenté de justifier : « *Je crois qu'il est en train de nettoyer.* » J'ai appris dix minutes plus tard que le monsieur préparait en réalité une sauce tomate. Elle n'en avait ni l'odeur ni la couleur.

Je ne suis pas une experte des cuisines. Il n'empêche, quelques années plus tôt, j'ai eu la chance d'interviewer un chef étoilé à Milan et de le voir aux fourneaux. Un chef cuisinier, c'est un chef d'orchestre ! Et ses commis, des danseurs qui virevoltent d'un poste de travail à l'autre au rythme de ses indications. C'est plein de vie ! La cuisine du 18e présente un spectacle bien différent. C'est un endroit triste où le personnel effectue des tâches répétitives. On dirait qu'ils sont à la chaîne.

> « Sur un plan administratif, l'activité de restauration collective et celle de la production industrielle ne sont pas soumises aux mêmes exigences. Mais sur le plan des valeurs et des modèles de production, elles peuvent se rapprocher. Ce que vous décrivez du 18e est plus proche d'une activité de type industriel où les personnes en cuisine ont perdu la maîtrise des produits qu'elles travaillent ; où tout n'est que process. Il sera difficile de réenchanter cette restauration qui dépossède les cuisiniers de leur art »,

a commenté Marie-Line Huc, nutritionniste et fondatrice du Club experts nutrition et alimentation (CENA), après lui avoir décrit cet endroit sordide.

Les cuisines centrales semblent générer davantage de gaspillage que les cuisines intégrées. « *Nous ne possédons pas encore de chiffres officiels, mais les données que nous sommes en train d'analyser confirment cette tendance* », avance Pierre Galliot, responsable service Consommation et prévention de la direction Économie circulaire et déchets de l'ADEME (Agence de l'environnement et de la maîtrise de l'énergie).

La situation a-t-elle toujours été identique ? Pas sûr. Il y a plus de quarante ans, Christian Brion a été responsable d'une cuisine centrale gérée par Sodexo, dans le Sud de la France. Le témoignage de ce sexagénaire retraité est radicalement différent de celui de Corinne.

« La SRC commandait des produits bruts que nous transformions sur place. Nous fabriquions les brochettes et râpions les carottes nous-mêmes. Mais je travaillais sur des volumes bien inférieurs : de mémoire, nous étions sur 300 repas pour les écoles et 700 pour les restaurants interentreprises. Quand ils sont sur d'énormes quantités, les grands groupes sont certainement tentés d'ergonomiser le travail de leurs employés. »

UNE LUEUR ?

Selon Alain Gaborit, les grosses SRC commencent à prendre la mesure du problème de la qualité des repas qui sortent de leurs usines de production.

Sodexo a ainsi annoncé à l'automne dernier la fermeture de la cuisine centrale de Dreux (21 000 repas/jour) au motif qu'elle ne permettrait plus de répondre aux nouvelles exigences des clients, qui veulent des produits bruts et locaux.

Les prochaines cuisines centrales seront-elles plus fréquemment équipées d'une légumerie et d'un espace pâtisserie ? C'est à espérer pour nos enfants.

Liaison chaude ou liaison froide ?

Une fois produits dans la cuisine centrale, les repas doivent être acheminés vers les restaurants satellites. Pour cela, deux types de liaison sont possibles : la **liaison chaude** ou la **liaison froide**. La liaison tiède n'existe plus depuis 1974.

Liaison chaude

Les denrées sont préparées, cuites et maintenues à une température supérieure ou égale à 63 °C le matin, puis acheminées sans rupture thermique sur les lieux de distribution (restaurants satellites) le midi.

Liaison froide

Les denrées sont préparées, cuites puis refroidies dans une **cellule de refroidissement**, où elles passent de 63 à 3 °C en deux heures. Elles sont ensuite maintenues plusieurs jours en chambre froide (3 °C) avant d'être acheminées dans les restaurants satellites. Arrivées à destination, elles sont réchauffées pour remonter à 63 °C « à cœur », juste avant d'être consommées.

Selon la société Socamel, qui gère la distribution de repas dans les collectivités,

> « il s'agit d'un mode de préparation hygiénique, qui permet de conserver la qualité nutritive des aliments. La liaison froide permet en outre de dissocier la fabrication et la consommation des plats, un facteur très important dans le cadre de la restauration collective et de la distribution de repas. [...] Cela s'inscrit directement dans la démarche d'hygiène dite HACCP[18] et permet de respecter la chaîne du froid, incontournable lorsque l'on parle de sécurité alimentaire[19]. »

La majorité des professionnels de la restauration considère cependant que la liaison froide conserve beaucoup moins bien

---

18. L'HACCP (*Hazard Analysis Critical Control Point*) est un système basé sur sept principes, lequel identifie, évalue et maîtrise les dangers significatifs au regard de la sécurité des aliments.
19. socamel.fr/restauration_collective/liaison-froide-restauration.html

les qualités gustatives des aliments. Si c'était le cas, les restaurants d'entreprise auraient opté pour ce système depuis longtemps!

> « Essayez de mettre en place des repas en liaison froide dans un restaurant d'entreprise ou d'administration : au mieux, les clients désertent, fuient, amènent leur gamelle; au pire, s'ils ont de la voix, ils virent le pseudo-restaurateur – qui aura eu l'imprudence de servir ces repas en liaison froide. Toutes les expériences l'attestent : là où le client est libre, il n'y a pas de liaison froide, tout simplement en raison du rejet qu'elle provoque, constatait Philippe Durrèche de son vivant.

Vous pouvez aussi faire l'expérience chez vous! Essayez de réchauffer une viande grillée accompagnée de riz blanc, le tout cuisiné trois ou quatre jours plus tôt. Votre steak ressemblera à une semelle et les grains seront probablement tout desséchés. Mieux : essayez de réchauffer un œuf à la coque refroidi pendant plusieurs jours! Ce mets – absolument délicieux quand il est dégusté au sortir de son bain d'eau bouillante – a pourtant figuré au menu de la cantine du 18e. Devant cet échec cuisant, la caisse des écoles a plaidé coupable et juré qu'on ne l'y reprendrait plus.

« *Pour préserver le goût des aliments en liaison froide, il est impératif que les restaurants satellites soient équipés de fours à vapeur ou de grands bacs d'eau dont la température oscille entre 70 et 80 °C* », informe Christian Brion. Cet ancien gérant de cuisine centrale doute cependant que beaucoup d'établissements disposent de ce **matériel coûteux**. À défaut, c'est mal réchauffé et donc immangeable.

Certains plats, c'est vrai, gagnent en saveur quand ils sont réchauffés. C'est le cas des ragoûts, currys, bœuf bourguignon, bœuf carottes… Leur point commun ? Ils sont tous en sauce. Aussi délicieux soient-ils, ces plats ne se mangent pas tous les jours, sinon gare à l'indigestion ! Sauf en liaison froide… Il faut de la sauce tout le temps partout. À défaut, les plats ne peuvent pas être réchauffés.

> « Pavé de merlu sauce ciboulette, émincé de viande sauce kebab, sauté de dinde sauce citron, sauté de veau sauce grand-mère, rôti de dinde jus à l'oignon, poisson pané sauce tartare, quenelle de volaille sauce crème… »

Inutile de chercher dans le menu de vos enfants une viande ou un poisson grillés accompagnés de légumes vapeur : au pays de la liaison froide, cela n'existe pas !

En quoi est-ce un problème ? D'abord parce que les enfants aiment rarement les plats en sauce. Une fois de temps en temps, ça passe, mais tous les jours, ils saturent et finissent par ne plus rien avaler. Ensuite et surtout parce que les cuisiniers ont délégué leurs compétences aux industriels ravis de les abreuver de fonds de sauce ultratransformés.

L'époque où Christian Brion œuvrait en cuisine centrale semble bien révolue.

> « Nous faisions nos fonds de sauce nous-mêmes avec ce qu'on avait sous le coude : des bas morceaux, des carcasses, des aromates… C'est meilleur mais ça prend un temps fou, donc ça augmente le coût, et là on se heurte à un vrai problème pour les cantines. Et puis, avec un fond de sauce maison, on n'est jamais à l'abri d'un problème sanitaire.

> Les produits industriels sont donc très rassurants. Ce qu'on perd en goût, on le gagne en sécurité. »

Or, la sécurité, les industriels en sont friands. C'est un argument systématiquement mis en avant pour séduire des collectivités territoriales paniquées à l'idée d'être confrontées à un scandale sanitaire. Mais *quid* de la santé ? La question mérite d'être posée, surtout quand on sait que ces fonds de sauce prêts à l'emploi sont utilisés tous les jours ou presque.

FONDS DE SAUCE

La liaison froide suppose des sauces pour éviter que les plats ne se dessèchent lorsqu'ils sont rechauffés. Ces sauces sont élaborées à partir de fonds de sauce à base d'os de viande ou d'arêtes de poisson et d'aromates, le tout cuit à feu doux pendant des heures. De la diversité des fonds provient la diversité des goûts !

En restauration collective, seuls les os provenant d'un désossage effectué sur place peuvent être utilisés dans la préparation d'un fond de sauce. Or, comme les cuisines centrales ne sont pas (sauf exception) équipées d'atelier de désossage, il n'y a plus d'os disponibles et donc plus de fonds maison !

En outre, leur conservation est devenue interdite. Or, s'agissant d'un gros travail, les cuisiniers avaient l'habitude d'en préparer de pleines marmites et d'utiliser leur fond au fur et à mesure des besoins. Aujourd'hui, l'utilisation doit être immédiate, sauf si le fond est refroidi avec un refroidisseur à sauce (délai de trois jours).

Enfin, comment préparer des fonds de sauce « maison » pour 15 000, 20 000, 45 000 bouches ? Les industriels ont trouvé la solution ! Knorr, Maggi et compagnie sont venus à la rescousse des cuisiniers scolaires démunis.

→

Prenons la fiche technique du **fond brun Knorr*** (marque Unilever) : amidon de pomme de terre, maltodextrine, légumes 12 % (oignon, tomate), sel, arômes (dont blé, orge), extrait de levure, caramel, extrait de malt d'orge, jus d'oignon concentré, correcteurs d'acidité (diacétate de sodium et lactate de calcium), huile de tournesol, acidifiants (acide citrique et acide lactique), extrait de viande de bœuf.

On trouve en 1re et en 2e position des glucides, en 7e du caramel (autrement dit du sucre), et tout à la fin de la viande. Bizarre, non, pour un fond qui devrait être constitué principalement d'os de viande et d'aromates ?

Le **jus de veau lié Knorr** vaut aussi son pesant d'or ! Farine de blé, graisse de palme, sel, amidon modifié (pomme de terre, maïs), arômes (dont blé, orge), extrait de levure, légumes (oignon : 2,6 %, tomate : 2,6 %), sucre, caramel, maltodextrine, extrait de viande de bœuf, viande de veau : 1,2 %, amidon de pomme de terre, épaississant : gomme xanthane, jus de légumes concentrés (céleri, carotte, poireau, oignon), extrait de vin blanc, antioxydants : E320 et E310.

Fumet de poisson Knorr : maltodextrine, amidon de pomme de terre, poisson (12 % cabillaud), oignon (11 %), huile de tournesol, épices et aromates (ail, poivre), sel, extrait de levure, arômes, échalotes, correcteurs d'acidité (diacétate de sodium, lactate de calcium), acidifiants (acide citrique, acide lactique), extrait de vin blanc.

Selon le site du Dr Watson (réseau d'informations sur les aliments, la consommation et les sujets touchant à la santé dont la base de données rassemble le plus grand recueil d'informations concernant les additifs alimentaires et leurs risques pour la santé), l'utilisation de l'additif E320 dans la nourriture d'enfants et de bébés est interdite. Des expériences de longue durée sur des animaux ont montré que le E320 et le E321, pris en grande quantité, avaient des effets cancérigènes et causaient des cancers du foie et de l'intestin chez les souris.

Selon le site additifs-alimentaires.net, l'E310 provoquerait des troubles comportementaux ou de l'hyperactivité chez l'enfant.

Lors du Salon de la restauration collective (Paris, Porte de Versailles, 11 avril 2018), avec Antoine, un papa du collectif « Les enfants du 18 mangent ça », nous nous sommes émus de la présence de tous ces ingrédients auprès d'un responsable de la marque Unilever. Ce monsieur nous a regardés avec des yeux ronds! « *Mais enfin,* nous a-t-il rétorqué, *ces fonds de sauce sont fabriqués dans la plus stricte légalité et respectent toutes les normes!* » Et de poursuivre : « *C'est sûr qu'un enfant qui mange une madeleine avec du Nutella tous les jours, à 25 ans, il sera cardiaque, mais là, non, il n'y a aucun problème!* » Oui, oui, et la marmotte, elle emballe le chocolat?

* Trouvé sur https://www.cerfdellier.com

Les sauces présentent un autre avantage considérable : camoufler la **mauvaise qualité** des aliments. Un pavé de merlu insipide, un morceau de bavette provenant d'une vache laitière réformée, un légume qui a perdu toutes ses fibres après diverses manipulations (congélation, décongélation, cuisson, refroidissement) siéent bien mieux au palais quand ils sont noyés sous un jus quelconque. Prenez l'exemple des hamburgers de Quick, McDo ou Burger King. Gageons que vous renverriez illico votre assiette au chef si l'on vous servait le même steak haché sans ketchup ni tranches de pain pour le faire glisser jusqu'à votre gosier.

En plus d'être mauvais pour la santé, les fonds de sauce coûtent cher. Cette dépense est d'autant plus inutile qu'« *un cuisinier qui fait de la vraie cuisine n'en a pas besoin. Ces ersatz chimiques ont remplacé dans la grande majorité des "cuisines" l'échalote, les oignons, les épices et les aromates. Plus grave, ils ont tué le goût et la créativité du chef* », déplore la nutritionniste Valérie Jacquier, avant d'ajouter que ces produits sont totalement contre-productifs : ils encouragent à ne plus cuisiner et à ne surtout pas s'interroger sur la qualité finale, nutritionnelle et gustative de ce qui est servi.

Et les surgelés ? À écouter Christian Brion, ils devraient, sinon être bannis, tout au moins être extrêmement limités en liaison froide. « *On ne peut pas réchauffer une seconde fois un produit qui a déjà été décongelé. D'abord parce que des bactéries peuvent se développer ; ensuite parce que, sur le plan du goût, on perd en qualité* », justifie-t-il. Pourtant, certaines cuisines ne s'en privent pas.

Pour conclure cette section, je vais une fois de plus m'approprier les mots de Philippe Durrèche, pour qui « *la liaison froide a échappé à ses inventeurs et s'est muée en un concept fumeux de cuisine d'assemblage. L'utilisation* ad nauseam *des produits issus de l'agroalimentaire intraçables et bourrés de poisons programme sa disparition dès les investissements amortis.* » Des propos qui résonnent chez Valérie Jacquier. « *Se réapproprier les moyens de production, c'est se réapproprier les moyens de créer de la richesse et retrouver le plaisir de manger bon et sain,* martèle la nutritionniste. *L'argent qu'on ne donne pas aux sociétés privées peut être réinvesti dans l'alimentaire et servir à valoriser l'équipe en cuisine et le travail qu'elle accomplit.* » À bon entendeur.

EN RÉSUMÉ

Liaison chaude : production de repas et conservation au chaud ; le temps de conservation est limité à quelques heures, et la température ne doit jamais descendre en dessous de 63 °C.

Liaison froide : production de repas puis conservation au froid ; la nourriture peut être produite jusqu'à cinq jours avant le jour de consommation, et la température ne doit jamais monter au-dessus de 3 °C avant d'être réchauffée.

LES DIFFÉRENTES OPTIONS POSSIBLES

Mode de gestion	Mode de production	Type de liaison
Régie directe	Cuisines intégrées	Liaison chaude
Régie directe	Cuisine(s) centrale(s)	Liaison chaude
Régie directe	Cuisine(s) centrale(s)	Liaison froide
Régie directe	1 cuisine centrale et quelques cuisines intégrées	Liaison chaude
Régie directe	1 cuisine centrale et quelques cuisines intégrées	Liaison froide pour la cuisine centrale et liaison chaude pour les cuisines intégrées
Délégation de service public	Cuisines intégrées	Liaison chaude
Délégation de service public	Cuisine(s) centrale(s)	Liaison chaude
Délégation de service public	Cuisine(s) centrale(s)	Liaison froide
Délégation de service public	1 cuisine centrale et quelques cuisines intégrées	Liaison chaude
Délégation de service public	1 cuisine centrale et quelques cuisines intégrées	Liaison froide pour la cuisine centrale et liaison chaude pour les cuisines intégrées

Inox *versus* barquettes en plastique ?

Les repas préparés en cuisine centrale doivent être ensuite acheminés vers les restaurants satellites. Deux solutions pour opérer ce transfert : les **barquettes en plastique** ou des **bacs en Inox**.

Barquettes en plastique

Le plastique est un matériau produit à partir du **pétrole**. Il en existe une multitude de formes classées à l'intérieur de trois grandes familles :

✔ Les thermoplastiques. Ils ramollissent et deviennent souples sous l'effet de la chaleur.

✔ Les thermodurcissables. Ils prennent une forme définitive au premier durcissement.

✔ Les élastomères. Ils sont élastiques et peuvent reprendre leur forme initiale après déformation. Ce ne sont pas réellement des plastiques.

Au quotidien, nous sommes essentiellement en contact avec le PE (polyéthylène) et le PET (polyesters et polyéthylène téréphtalate), que l'on retrouve dans les sacs, films, sachets, bidons, récipients, barquettes, bouteilles et flacons.

Malgré cette classification, parler de « plastique » veut à la fois « tout et rien dire », car les industriels ajoutent des produits chimiques pour le rendre plus souple ou, au contraire, plus résistant, plus transparent ou, au contraire, plus coloré, etc. Difficile donc de savoir ce qu'il y a dedans. Une chose est sûre cependant : le plastique est un **fléau** écologique et sanitaire !

Sanitaire d'abord

Compte tenu de leurs effets sur la santé[20], certains composés du plastique – dont les phtalates[21] DEHP et DBP et le fameux bisphénol A (BPA) – sont interdits en France, car reconnus comme « **perturbateurs endocriniens** » (PE). Les PE sont des substances

20. Troubles neurocomportementaux à type d'agitation, apparition de diabète et de surpoids, baisse de la fertilité.

21. http://travail-emploi.gouv.fr/IMG/pdf/fiche-epi-phtalates-bdef.pdf

chimiques accusées de contaminer et de perturber le système hormonal humain. Elles sont scientifiquement associées à l'épidémie de cancers hormonodépendants (comme le cancer du sein[22]), à l'augmentation des cas d'infertilité[23] et de puberté précoce ainsi qu'à la recrudescence des troubles métaboliques, comme le diabète de type 2 ou l'obésité[24].

Ces interdictions sont-elles suffisantes? Que nenni!

D'abord parce qu'en procédant à des analyses, on trouve encore du BPA[25] dans certains contenants en plastique.

Ensuite parce que les industriels l'ont remplacé par d'autres composés (dont les BPR et BPF) qui entraînent des conséquences similaires sur la santé. En clair, ils ont remplacé des perturbateurs endocriniens interdits par des perturbateurs endocriniens autorisés!

Enfin, parce que selon Ana Soto, professeur au département de physiologie intégrative et pathobiologie de l'École de médecine de l'université Tufts (Boston), il existerait à ce jour plus de 8 000 molécules ajoutées intentionnellement dans le plastique et entre 40 000 et 100 000 produits chimiques ajoutés non intentionnellement! Derrière ces chiffres astronomiques, combien de perturbateurs endocriniens? Combien de produits chimiques dangereux pour notre organisme?

---

22. http://www.appanpc.fr/_docs/7/fckeditor/file/Revues/AirPur/Airpur_79_Duval.pdf
23. https://www.sciencedirect.com/science/article/pii/S1297958906002992
24. https://www.sciencedirect.com/science/article/pii/S1957255717300780
25. À Bordeaux, des tests réalisés sur les assiettes en plastique dans lesquelles mangent les enfants à la cantine ont montré la présence de BPA.

> Le Pr Ana Soto a présenté en avril 2018, lors d'une réunion organisée par la députée Laurianne Rossi, une vidéo tournée dans son laboratoire. On y voit un rat qui passe son temps à sauter dans tous les sens jusqu'à épuisement, puis qui recommence dès qu'il a repris un minimum d'énergie. Son comportement, qualifié d'autistique, a été déclenché après une large exposition au BPA. Il n'a ensuite été modifié ni par la gestation ni par la mise bas.

En 2015, l'ANSES (Agence nationale de sécurité sanitaire de l'alimentation, de l'environnement et du travail) a démontré que le chauffage des barquettes en plastique accentuait le risque de **migration du contenant**. En d'autres termes, les perturbateurs endocriniens emprisonnés dans le plastique de la barquette migrent dans les aliments[26]. Les enfants qui déjeunent tous les midis dans des cantines en liaison froide avalent donc un maximum de ces molécules chimiques. Or, c'est un fait, ils sont, en raison de leur jeune âge, particulièrement sensibles à une exposition prolongée aux perturbateurs endocriniens.

En liaison froide, les aliments doivent être réchauffés à 63 °C « à cœur ». Cela signifie qu'il faut monter la température plus haut pour parvenir au cœur en question. On peut supposer que plus la température est élevée, plus les molécules de plastique migrent dans les aliments. Certains fours ne sont pas bridés et montent au-delà des 130 °C (température conforme).

Lors du Salon de la restauration collective en avril 2018, un fabricant de barquettes en plastique a mollement tenté de rassurer : « *le plastique migre dans la limite du certificat de conformité* ».

26. https://www.anses.fr/fr/content/emballages-alimentaires-un-r%C3%A9chauffage-%C3%A0-puissance-trop-%C3%A9lev%C3%A9e-augmente-le-risque-de

Comprendra qui pourra. L'association Cantine sans plastique, en tout cas, ne l'entend pas de cette oreille. Pour cette dernière,

> « les fournisseurs ont encore des fiches techniques qui ne sont pas à jour, la DGCCRF a constaté 8 % d'infractions à la réglementation sur les contenants, et les collectivités ne sont pas toujours en mesure de déchiffrer les données présentées. La réglementation elle-même établit des seuils autorisés en fonction des données produites par les fabricants. Or, cette approche n'est pas pertinente pour les substances qui agissent sur le système hormonal, que sont les perturbateurs endocriniens. Elle ne l'est pas non plus pour d'autres substances toxiques, comme le plomb[27]. »

Si l'on s'en tient au **discours des industriels**, il ne faut pas paniquer : nos enfants consomment des produits chimiques, mais de manière encadrée ! Tout va bien ; dormez, braves gens ! Ils oublient juste de rappeler que ces quantités, avalées de manière encadrée, sont quotidiennes. En plus, évidemment, de tous les autres perturbateurs endocriniens qu'ils respirent, ingèrent… partout ailleurs. « L'effet cocktail », « la dose qui fait le poison », tout cela, ils se gardent bien d'en parler.

La situation est encore pire dans les cuisines centrales où les aliments sont conditionnés dans des poches en plastique, mis sous vide (donc sous plastique), cuits sous vide entre 24 et 72 heures puis stockés durant deux à trois semaines dans des poches de cuisson (encore en plastique !) avant d'être conditionnés dans des barquettes (toujours en plastique !) qui seront réchauffées juste après leur livraison dans les restaurants satellites. Non, vous ne rêvez pas !

27. http://alternatives.blog.lemonde.fr/2018/04/17/plastique-dans-les-cantines-aujourdhui-la-loi-ne-protege-pas-les-enfants/

Cela existe notamment à Bordeaux-Mérignac[28]. On n'arrête pas le progrès… Même Claude Zidi, le réalisateur de *L'aile ou la cuisse*, n'y avait pas pensé pour l'usine Tricatel !

Après, on peut bien sûr se battre pour l'intégration du bio dans les cantines, mais s'il est contaminé par des perturbateurs endocriniens, il perd beaucoup de son intérêt.

E171 : ATTENTION DANGER !

Le dioxyde de titane est un additif très courant que l'on retrouve un peu partout sous forme de nanoparticules très mobiles et très réactives : les cosmétiques (dentifrices et crèmes solaires notamment), les médicaments, les bonbons, les biscuits, les produits chocolatés, les chewing-gums… et les barquettes en plastique !

Son rôle ? Mineur ! Il permet tantôt d'augmenter la blancheur ou la brillance, tantôt de modifier les teintes d'autres colorants. En bref, il sert juste à embellir le produit pour le rendre plus attirant.

Ses risques ? Potentiellement énormes. Des chercheurs de l'INRA (Institut national de la recherche agronomique) ont publié dans la revue *Scientific Reports* le 20 janvier 2017 les résultats d'une étude menée sur des rats exposés à cet additif. Ils montrent notamment que l'E171 peut favoriser la survenue d'un cancer du côlon ou du rectum (3). L'ANSES a préconisé le principe de précaution et son classement parmi les substances dangereuses (susceptibles de provoquer le cancer) (4). Le Gouvernement planche actuellement sur son interdiction avant la fin de l'année 2018 dans les aliments.

Les enfants sont déjà particulièrement exposés à cet additif du fait de leur consommation de confiseries. Inutile de leur en ajouter une louche le midi à la cantine…

28. http://www.le-gout-dans-nos assiettes.com/index.php?option=com_phocagallery &view=category&id=7:atelier-sous-vide&Itemid=109

Écologique ensuite

Il ne se passe pas un jour sans que l'on entende parler du « huitième continent », cet immense gyre de déchets plastiques flottant dans le Pacifique, qui ferait trois fois la France. Si rien n'est fait pour endiguer ce phénomène, en 2050, les océans compteront plus de polymères[29] que de poissons !

Quand elles ne finissent pas dans le ventre des baleines, ces matières chimiques dérivées du pétrole sont tantôt incinérées, tantôt enfouies.

D'après le Cniid (Centre national d'information indépendante sur les déchets), « *les déchets plastiques sont ceux dont la combustion produit le plus de* CO_2 *fossile* ». Lorsqu'ils sont incinérés, ils polluent donc l'atmosphère et contribuent au réchauffement climatique. L'enfouissement est une option tout aussi catastrophique. Les déchets produisent des jus pollués (lixiviats) qui infiltrent les eaux de surface et souterraines. « *Les conséquences sont des pollutions graves des sols et de l'eau, et des nuisances olfactives ou visuelles* », alerte le site verdura.fr[30].

> « Si le centre ne stocke pas les déchets de manière optimale, il est possible que ce liquide s'infiltre dans les eaux et nappes phréatiques. Très nocive pour l'environnement et pour la santé, la présence de centres d'enfouissement dans les zones habitées nuit clairement au bon développement des plus jeunes et à l'état de santé des adultes », explique le site Clikeco[31].

---

29. Matière de base du plastique.
30. http://www.vedura.fr/environnement/dechets/enfouissement-dechets
31. https://www.clikeco.com/P-22-88-F1-le-processus-d-enfouissement-et-de-stockage-des-dechets-problematiques.html

Le recyclage ?

Les industriels qui vendent ces barquettes jurent la main sur le cœur qu'elles sont recyclables. Là, encore, ils oublient sciemment d'entrer dans les **conditions du recyclage** : pour être recyclées, les barquettes doivent d'abord être rincées sur l'office[32], ce qui implique donc une consommation d'eau. À 14 000 repas/jour dans le 18e, ça en fait, des mètres cubes de flotte qui finissent à l'égout… Elles sont ensuite renvoyées en cuisine centrale (impact carbone), puis récupérées par le prestataire lorsqu'il vient livrer des barquettes neuves (nouvel impact carbone au moment de la livraison des barquettes neuves). D'après l'entreprise Nutripack, 90 % des barquettes sont recyclées en pièces en plastique pour les équipementiers automobiles ou les horticulteurs et 10 % en bacs réutilisés par l'entreprise pour la livraison et la collecte des barquettes et cagettes. Or, comme le rappelle le Pr Ana Soto, nous générons bien plus de déchets plastiques que nous n'avons besoin de cagettes et autres pièces automobiles !

Les industriels édulcorent ensuite la **réalité du recyclage**. Les résultats d'une étude américaine publiée le 19 juillet 2017 dans la revue *Science Advances*[33] ont montré que sur les 8,3 milliards de tonnes métriques de plastique produites depuis 1950, 6,3 milliards se sont transformées en déchets plastiques. Sur ce chiffre, seuls 9 % ont été recyclés. Le reste, soit 91 %, est en train de s'amonceler dans les sites d'enfouissement ou se répand dans la nature (principalement les océans) sous forme de détritus. Dans le domaine du recyclage, la France est loin d'être une championne : elle se situe à l'avant-dernière place des 28 pays européens[34] ! *No comment.*

---

32. https://www.pedagogie.ac-aix-marseille.fr/upload/docs/application/pdf/2012-05/fiche_barquettes_0valide.pdf
33. http://advances.sciencemag.org/content/3/7/e1700782.full
34. https://www.plasticseurope.org/fr/resources/publications/274-plastics-facts-2017 (p. 37).

Un autre article publié le 4 février 2018 dans *L'Obs*[35] a pointé du doigt « *la dangereuse illusion du tout-recyclage* ». Ce papier indique que :

❖ 14 % en moyenne des plastiques usagés sont collectés pour être recyclés.
Sur ces 14 %, 4 % sont perdus au cours du processus de recyclage et rejoignent donc le rang des **déchets dispersés**.

❖ 8 % sont recyclés en circuit ouvert, c'est-à-dire pour des applications différentes – par exemple, pour faire un pull qui, une fois usé, ne sera plus recyclable. Les fibres du pull usagé étant chargées de nombreux additifs, colorants, contaminants, etc., la dégradation du polymère les rend en effet impropres pour un recyclage visant un usage similaire. Il convient ici de parler de **décyclage** plutôt que de recyclage.

❖ Moins de 2 % des plastiques usagés sont recyclés idéalement en circuit fermé, c'est-à-dire récupérés pour produire un matériau utilisable comme un plastique neuf et indiscernable de ce dernier.

35. https://www.nouvelobs.com/planete/20180202.OBS1657/dechets-plastiques-la-dangereuse-illusion-du-tout-recyclage.html

« Recycler en circuit fermé signifie collecter, trier, décontaminer et repolymériser un plastique qui se dégrade au cours du procédé de recyclage. Les contraintes logistiques de collecte sont importantes, la consommation d'énergie des multiples étapes se discute et sa probabilité de contamination dangereuse également. Aussi, le nombre maximal de cycles de décontamination est limité et le plastique recyclé doit être mélangé à du vierge.

Bilan des courses : seuls les plastiques de type bouteilles en PET (polyéthylène téréphtalate) – qui ne représentent qu'un pourcentage très faible des plastiques consommés – peuvent se plier aux contraintes du recyclage en boucle fermée et être régénérés pour une utilisation identique.

Or, si une bouteille en PET sur deux en Europe est recyclée, moins d'une sur dix redeviendra bouteille. Pour des raisons de sécurité du consommateur (risque de contamination) et technologiques (propriétés différentes du polymère vierge), le taux de recyclage en boucle fermée s'avère ainsi extrêmement faible ; il peut théoriquement atteindre un maximum de 5 % des plastiques usagés.

Soulignons ici que le recyclage d'une matière ne s'inscrit dans un principe d'économie circulaire que si la boucle peut être reproduite à l'infini, ce qui est quasiment le cas pour le verre ou le métal. Les matériaux biodégradables se situent naturellement dans le cycle biologique de la matière organique, qui leur assure un renouvellement illimité (à condition cependant que la vitesse de consommation reste compatible avec celle de production).

Le recyclage du plastique n'est donc pas un sésame pour épargner à notre écosystème terrestre les méfaits potentiels de ses déchets, même s'il peut modestement contribuer à les retarder. »

Extrait de l'article « Déchets plastiques : la dangereuse illusion du tout-recyclable »

L'Obs – 4 février 2018

Pour reprendre les paroles de Candide Lopes, présidente de Cantine sans plastique France, le coût environnemental du recyclage n'est jamais intégré dans la facturation des repas ni dans les études d'impact, pas plus d'ailleurs que celui de la collecte et de l'enlèvement des déchets.

Le plastique n'a plus la cote? Qu'importe! Les industriels sont malins. Ils se sont lancés dans la fabrication de **barquettes « biosourcées »**, c'est-à-dire issues de produits et sous-produits des céréales (amidon, gluten), oléagineux et protéagineux (protéines) ainsi que des plantes fibreuses (cellulose). Leur objectif : continuer de nous refourguer leurs barquettes soi-disant écolo, car compostables et garanties sans perturbateurs endocriniens. Foutaise[36] ! Leur cynisme n'a pas de limite. Lors du Salon de la restauration collective, un fabricant a reconnu sans grande émotion : « *Dans les barquettes biosourcées, on ne trouve pas les mêmes perturbateurs endocriniens, c'est tout !* » Les produits et sous-produits céréaliers qui servent à fabriquer ces barquettes du 3e type contiennent potentiellement des **OGM** et des **pesticides**, autres perturbateurs endocriniens. Et le bio? Bio ou pas, n'est-ce pas un non-sens de cultiver des kilomètres carrés de champs de céréales réservés à la fabrication de barquettes quand on sait que la terre devra nourrir plus de 9 milliards d'individus dès 2050[37] ?

Deux autres arguments pèsent dans la balance et ne plaident pas en faveur des fabricants de barquettes : premièrement, la canne à sucre utilisée dans certains contenants biosourcés est cultivée en Asie. Visiblement, l'**empreinte carbone** n'est pas une préoccupation

36. Je tiens à remercier grandement Samia qui, dans le cadre du collectif « Les enfants du 18 mangent ça », a fait un travail fabuleux sur le plastique, que je reprends largement ici !
37. https://www.populationdata.net/2009/03/12/la-population-mondiale-devrait-depasser-les-9-milliards-de-personnes-en-2050/

de nos industriels. Secondement, les barquettes utilisées pour la liaison froide doivent être pelliculées avec un film plastique pour les rendre étanches. Elles ne sont donc pas aussi compostables que les industriels veulent bien le faire croire. Et en tout état de cause, le pelliculage servant à les sceller est et reste en plastique. Ce film n'est ni recyclable ni compostable.

Biosourcées ou pas, les barquettes doivent être boycottées.

COMMUNIQUÉ DU COLLECTIF APOLITIQUE
« LES ENFANTS DU 18 MANGENT ÇA »
22 MAI 2018

Le plastique, on n'en veut plus ! La seule solution, des matériaux inertes (Inox, verre ou céramique) !
Face à l'inquiétude grandissante des parents quant aux barquettes en plastique – trop de soupçons par rapport aux perturbateurs endocriniens susceptibles de toucher non seulement nos enfants mais aussi trop de déchets polluants –, les fabricants de barquettes en plastique se sont lancés dans la fourniture de contenants alternatifs dits « biosourcés » de type cellulose.

Pourquoi ces alternatives proposées par les fabricants ne sont pas LA solution ?
Les nombreuses limites de ce type de contenants apparaissent :

- La pâte de cellulose est composée d'amidon de maïs, ce qui interroge sur la présence de maïs OGM ou traités aux pesticides.
- Le procédé de fabrication de ces barquettes reste chimique, puisque des additifs y sont ajoutés.
- Un revêtement plastifié de même nature que les barquettes en plastique (polyéthylène téréphtalate dit PET ou polypropylène dit PP) assure l'étanchéité de ces barquettes.

- Les opercules sont toujours en plastique, la condensation se pose sur le film et redescend dans les aliments.
- La colle utilisée pour sceller les barquettes contient des produits chimiques nocifs.
- Il existe un effet de migration vers les aliments sous l'effet de l'humidité (travaux de Jean-Baptiste Fini, chercheur au CNRS).

Les contenants dits « biosourcés » ou alternatifs et compostables ne sont pas une solution viable.

Ils ne règlent pas les problèmes de perturbateurs endocriniens puisqu'ils sont laminés d'un film plastique pour assurer l'étanchéité, sont operculés par un film plastique et sont composés d'additifs.

Qu'en est-il pour le recyclage ?

Ces barquettes ne sont pas compostables à 100 %. Il reste ce qu'on appelle des « déchets bruns », avec 10 % de plastique difficilement recyclable. L'absence de filières suffisamment structurées pour proposer une alternative en matériaux biodégradables complique la situation.

D'une manière générale, le coût environnemental n'est jamais comptabilisé.

Combien ça coûte ?

Une barquette en plastique coûte 0,11 centime quand une barquette en cellulose coûte 0,16 centime, un surcoût de 45 % !

La cellulose est nettement plus chère que le plastique. Le surcoût est très important puisque nous parlons de consommation de millions de barquettes par an.

Quitte à avoir un surcoût pour les finances publiques, puisque la cellulose coûte plus cher, autant recourir à l'Inox.

Les avantages de l'Inox sont nombreux :

- une durée de vie pour un bac Inox supérieure à dix ans ;
- sans risque de migration, l'Inox est un alliage stable ;
- l'Inox est rentabilisé au bout de deux ans.

COMPOSTAGE DES DENRÉES ALIMENTAIRES ET BARQUETTES EN PLASTIQUE

Moulinot* est une entreprise sociale et solidaire, spécialisée dans la gestion des déchets alimentaires. Plutôt que de finir à la décharge, les déchets qu'elle récupère sont valorisés, autrement dit ils dynamisent et revalorisent la qualité des sols.

Pour les cantines équipées de bacs en Inox, la récupération est très simple. Pour les barquettes, en revanche, c'est plus compliqué : les cantinières doivent trier les déchets d'un côté et les barquettes de l'autre. Il suffit de regarder les poubelles pour constater que, bien souvent, tout finit dans le même bac.

« *Aucun problème !* » répond Moulinot. L'entreprise est équipée d'une machine qui fait le tri sur place. Les déchets partent comme convenu au compost, et les barquettes sont incinérées (avec à la clé pollution de l'air et émission de gaz à effet de serre).

Oui mais... Avant de partir sur la plateforme de compostage, les déchets sont pesés puis facturés à la tonne à la collectivité. La présence indésirable de barquettes plastiques grossit donc la facture en même temps qu'elle alourdit la poubelle.

* https://www.moulinot.fr/site/

DEUX CHIFFRES CLÉS (5)

400 : c'est le nombre d'années nécessaires pour qu'une barquette en plastique soit dégradée dans la nature.

2 : c'est le nombre de tonnes de barquettes produites par an pour une cuisine centrale servant 1 000 repas par jour.

LES EFFORTS COMMENCENT À PAYER...

Une étude publiée en juin 2018 dans un journal scientifique* a montré que la mise en place de taxes sur les sacs plastique dans plusieurs pays européens a fait baisser de 30 % leur présence dans les fonds marins de la Manche, de la mer du Nord et de la mer d'Irlande.

* *Science of the Total Environment*, vol. 630, 15 juin 2018, p. 790-798.

Inox

L'Inox – ou **acier inoxydable** – est un alliage de fer (principal composant), de carbone, de nickel et de chrome.

Les collectivités qui veulent de la qualité doivent investir dans du 10/18, c'est-à-dire :

- 18 % de chrome, qui donne à l'acier sa résistance à l'oxydation ;
- 10 % de nickel, qui améliore considérablement la neutralité alimentaire du matériau.

Le 10/18 est considéré comme l'un des Inox les plus résistants aux fortes températures, ne laissant que peu ou **pas de résidus** dans des conditions normales d'utilisation. A contrario, un Inox de mauvaise qualité peut entraîner des migrations de particules et notamment de nickel, ce qui peut poser problème pour les personnes allergiques (et il y en a !). De plus, il est probablement cancérigène[38].

38. http://www.cancer-environnement.fr/479-Classification-par-localisations-cancereuses.ce.aspx

Conclusion : gare à la qualité et, avec elle, à la provenance de l'Inox. Les fabricants de barquettes en plastique se ruent sur cet avertissement pour discréditer ce métal. Sauf qu'à la différence du plastique, il existe un **Inox de qualité**. La France compte d'excellents produits fabriqués à l'intérieur de l'Hexagone. Ils sont potentiellement plus chers à l'achat, mais ils durent aussi plus longtemps. Finalement, le consommateur est donc gagnant.

CARACTÉRISTIQUES DE L'INOX

1. Écologique

Contrairement au plastique, c'est un matériau « vert », autrement dit recyclable à l'infini. Il possède d'ailleurs le taux de recyclage le plus élevé parmi tous les alliages industriels.

2. Multirésistant

Il est résistant au feu, à la corrosion et à l'oxydation.

3. Préserve les qualités nutritionnelles des aliments.

4. Inerte

Il est totalement inoffensif lors du contact alimentaire : il ne modifie ni le goût, ni l'aspect, ni l'odeur des aliments.

5. Chauffe rapidement.

6. Facile à nettoyer

Les produits d'entretien traditionnels suffisent pour ne pas endommager sa surface.

7. Durée de vie de plusieurs années

À long terme, il peut cependant relâcher des atomes métalliques, d'où la nécessité de le remplacer ponctuellement.

La ville de **Strasbourg** (11 000 repas/jour) a récemment abandonné le plastique pour revenir à ce matériau stable. Cette décision n'est évidemment pas neutre sur le plan économique : son coût est estimé à 9 millions d'euros sur quatre ans. Ce chiffre intègre l'achat de matériel (contenants, chariots, frigos, fours, lave-vaisselles), mais aussi l'agrandissement de certains locaux et le recrutement de personnel supplémentaire. D'après Mme Françoise Buffet, adjointe au maire, ces bacs devraient être rentabilisés au bout de deux ans.

Mais ce qui est valable pour Strasbourg ne l'est pas forcément pour une autre collectivité : Mme Buffet convient d'ailleurs que l'agrandissement des locaux « *concerne essentiellement les sites très anciens qui n'avaient pas fait l'objet de travaux. Ce surcoût, qui représente environ deux tiers des 9 millions d'euros, correspond à une situation précise à Strasbourg, qui n'est pas généralisable* ».

Les 9 millions annoncés ne tiennent pas compte non plus de deux éléments fondamentaux : les économies **réalisées** avec la fin du traitement/recyclage des barquettes en plastique et la **valorisation des déchets organiques**, qui ne seront plus jetés avec les barquettes.

UNE LUBIE : L'HYGIÈNE

« *Cuisiner pour des scolaires, ce n'est certainement pas comme cuisiner à la maison* », prévient tout de go Annie Pinquier, directrice-fondatrice d'Agriate, un cabinet de conseil pour les collectivités. Derrière cette remarque, un avertissement adressé aux amateurs : quand on se lance dans la restauration scolaire, il faut respecter des normes sanitaires très strictes qu'on est loin d'imaginer depuis sa petite cuisine !

LA RÉGLEMENTATION DES NORMES SANITAIRES

« Depuis les crises alimentaires de ces dernières décennies, la réglementation concernant les normes sanitaires s'est renforcée. Le dispositif repose sur trois niveaux :

- Les bonnes pratiques sanitaires que toute personne appelée à manipuler les aliments doit connaître et appliquer (la fameuse "marche en avant" en fait partie) ;
- La méthode HACCP ("*Hazard Analysis Critical Control Point*" ; c'est un système qui identifie, évalue et maîtrise les dangers significatifs au regard de la sécurité des aliments. En français : "analyse des dangers - points critiques pour leur maîtrise").
- La traçabilité des denrées alimentaires. »

Le maire et l'école. Guide pratique à l'usage des maires ruraux

Ces normes visent à éviter un risque redouté par tous les acteurs de ce secteur : la « **toxi-infection alimentaire collective** » (TIAC). Pour faire simple, on a affaire à une TIAC quand un cas de gastro se déclare chez deux enfants au moins qui ont mangé à la cantine[39]. La responsabilité pénale de la collectivité peut être engagée s'il est démontré qu'il y a eu faute ou négligence grave (exemple : absence d'autocontrôle). D'où la tentation de céder aux sirènes des sociétés de restauration collective.

> « L'industrie s'est glissée dans la restauration collective par la petite porte en s'immisçant d'abord dans la réglementation (sécurité, hygiène), ce qui a contribué à modifier fondamentalement les espaces de cuisine : diminution des lieux de stockage, suppression des locaux de préparation en amont (légumeries, pâtisseries...). Résultat, les cantines sont contraintes de travailler principalement

39. Il faut pouvoir rapporter la cause à une même origine alimentaire.

> des produits transformés de catégorie 4 ou 5. Certains cuisiniers culpabilisent – sachant parfaitement qu'ils font une cuisine industrielle mauvaise à tous les niveaux – et la quantité de gaspillage démotive le personnel », conclut la nutritionniste Valérie Jacquier. »

VERS UN DÉTOURNEMENT DE LA CARTE SCOLAIRE POUR RAISON ALIMENTAIRE ?

Alors la cantine, usine à gaz ou pas ? À chacun de se faire son opinion. Une chose est sûre, nos enfants ne sont pas égaux face à la nourriture qui leur est proposée. D'un établissement à l'autre, d'une commune à l'autre, d'une région à l'autre… ils peuvent manger **le meilleur comme le pire** !

À quand le **contournement de la carte scolaire** pour raison alimentaire ? Jusqu'à présent, les parents cherchent plutôt à la contourner pour inscrire leur rejeton dans une école dont l'enseignement est jugé « meilleur » que celle dont il dépend géographiquement. Mais la qualité de l'alimentation servie chaque midi n'est-elle pas aussi, sinon plus importante que la qualité de l'enseignement ?

Antoine, papa très actif du collectif « Les enfants du 18 mangent ça », a fait le choix de ne pas inscrire ses filles à la cantine à cause de l'offre de restauration collective.

> « Nous avons la chance d'avoir une nounou qui les récupère le midi pour déjeuner. Si ce n'est pas elle, c'est moi qui dégage du temps pour faire manger mes enfants », témoigne-t-il. « Après, c'est un choix qui a un coût. Si la

qualité de l'offre de restauration était meilleure, mes filles iraient à la cantine ! »

Ce père de famille a cependant conscience que peu de parents peuvent suivre son exemple. C'est donc par solidarité qu'il milite avec eux.

Nawëlle, maman d'une fillette scolarisée dans une école élémentaire du 18e, envisage quant à elle de mettre sa fille dans **le privé**, toujours à cause de la cantine. En attendant, elle lui glisse chaque jour une petite collation dans le cartable pour compenser la nourriture qu'elle n'avale pas le midi.

Une deuxième maman résidant également dans cet arrondissement – et qui travaille dans un café de la Goutte-d'Or – m'a raconté que sa fille avait refusé d'aller au centre aéré la deuxième semaine des vacances de février... À cause de la cantine !

Pour les enfants comme pour nous, adultes, bien manger est important. J'ai appris au détour d'une conversation l'anecdote suivante : une jeune fille avait fait plusieurs vœux pour intégrer un lycée parisien réputé. Lorsqu'elle a été reçue en entretien avec sa mère par la directrice, cette dernière lui a demandé : « *Pourquoi veux-tu venir ici ?* » La gamine a répondu du tac au tac : « *Pour la cantine !* » Les enfants ont leurs raisons que leurs parents ignorent... Jusqu'à ce qu'ils plongent le nez dans leur assiette !

LE CAS DE PARIS

À Paris, le service de restauration collective est géré par la caisse des écoles de chaque arrondissement, soit 20 au total. Parmi les

20 caisses, 13 travaillent avec un marché multifournisseurs, achetant, par voie de marché, les denrées nécessaires aux repas qu'elles confectionnent ; 3 travaillent avec un fournisseur unique ; 3 fonctionnent en achat de repas et une est en délégation de service public.

De ces **choix politiques** découlent des conséquences très différentes pour les élèves des divers arrondissements. Mais cela ne s'arrête pas là !

Des différences au sein même d'un arrondissement peuvent aussi exister. Dans le 9e, par exemple, une cuisine centrale assure la production des repas en liaison froide pour 14 écoles. Mais, en parallèle, 3 cuisines intégrées produisent les repas de 6 écoles.

Et cela ne s'arrête toujours pas là ! Une même cuisine centrale peut produire des repas plus ou moins qualitatifs selon le **cahier des charges** auquel elle se réfère. La société Sogeres produit chaque jour 14 000 repas pour les demi-pensionnaires du 18e et 2 000 pour ceux du 2e arrondissement, dans la même cuisine centrale. On pourrait donc penser que les 16 000 enfants mangent la même chose. Que nenni ! Le cahier des charges n'étant pas le même dans les deux arrondissements, le prestataire élabore des menus à partir de matières premières de qualité différente. Si ça, ce n'est pas de la rupture d'égalité…

Patrick Bloche, adjoint à la maire de Paris chargé de l'éducation, de la petite enfance et de la famille, assure avoir conscience de ce problème.

> « C'est l'un des premiers dossiers auxquels je me suis attelé », affirme l'élu. « Le Conseil de Paris a voté de nouvelles délibérations qui vont permettre à la Ville de

contrôler plus fortement la qualité des repas à partir de janvier 2018. Nous savons que les caisses des écoles sont très attachées à leur autonomie de fonctionnement. L'idée n'est pas de venir la réduire, mais de pouvoir vérifier et surtout d'avoir une meilleure connaissance de ce qui se passe dans chaque arrondissement. »

Espérons que les élus de la mairie de Paris se mettent vraiment à table, car pour le moment, on est plus sur un registre romanesque. « *Sœur Anne, ne vois-tu rien venir ?* »

PAUSE MÉRIDIENNE

Terminons ce chapitre sur la question de la pause méridienne, autrement dit le temps de la cantine. En élémentaire, collège et lycée, le repas doit durer au moins trente minutes[40]. La durée totale de la pause-déjeuner est, quant à elle, d'une heure et demie.

Durant cette parenthèse, la surveillance des enfants incombe aux agents de la collectivité. Elle ne peut pas être déléguée à un prestataire privé, même si le service de restauration scolaire est en DSP. En cas d'accident, c'est donc la collectivité qui sera responsable.

40. https://www.service-public.fr/particuliers/vosdroits/F24570 et https://www.service-public.fr/particuliers/vosdroits/F24569

TRICATEL EST DANS LA PLACE. TOUT BAIGNE ?

Pour comprendre la référence à Tricatel, il faut avoir vu *L'aile ou la cuisse* de Claude Zidi. Dans cette comédie, Charles Duchemin, alias Louis de Funès, est directeur d'un guide gastronomique. Fin gourmet, il part en guerre contre la nourriture industrielle incarnée par Jacques Tricatel, P-DG d'une chaîne de restauration de « prêt à manger ». Sorti sur les écrans en 1976, ce film dénonce l'arrivée de la malbouffe en France ; l'odieux Jacques Tricatel (Julien Guiomar) est une caricature de Jacques Borel, « *dieu des actionnaires des multinationales de la Grande Bouffe* », selon Philippe Durrèche. Son nom ne vous dit rien ? C'est l'homme à qui l'on doit notamment Restoroute, la « fameuse » chaîne de restaurants sur les autoroutes. C'est également l'homme qui a inspiré Pierre Bellon, fondateur de la multinationale Sodexo.

Aujourd'hui, les Tricatel ont envahi le marché de la restauration collective, et notamment celui de la restauration scolaire, grâce à l'aide des grosses sociétés de restauration collective (SRC). Trois d'entre elles se taillent la part du lion : Elior (et sa filiale Avenance), Sodexo (et sa filiale Sogeres) et Compass.

Pour faire fortune, ces SRC ont adopté les principales règles des industriels : faire **pression sur les fournisseurs** et mettre en place un **système de marges et de marges arrière**.

CHIFFRES CLÉS 2016 (6)
DE LA RESTAURATION COLLECTIVE

(tous secteurs confondus : entreprises, hôpitaux, scolaire, armée)

- 23,8 % de la restauration hors domicile (contre 55,6 % pour la restauration rapide et traditionnelle).
- 3 milliards de repas servis chaque année.
- 20,2 milliards d'euros de chiffre d'affaires.
- 60 % des repas servis sont préparés en interne (régie directe) contre 40 % par une SRC (délégation ou concession).
- 70 % des repas scolaires sont préparés en interne (régie directe) contre 30 % par une SRC (délégation ou concession).

La bonne nouvelle (pour elles !), c'est que le nombre d'écoliers augmente d'année en année. Autant dire que les perspectives sont juteuses, car une fois le contrat signé, les têtes blondes ne peuvent plus déserter ! Ces jeunes convives sont « *enfermés dans une restauration-prison avec de la mauvaise bouffe. Et encore, les collégiens et les lycéens peuvent aller manger ailleurs. Ce n'est pas le cas des écoles primaires*[41] ».

41. Ph. Durrèche et J. Pélissard, *Cantines : le règne de la mal-bouffe ?*, *op. cit.*

Philippe Durrèche a bien étudié la manière dont ces sociétés – qu'il a rebaptisées AAA pour « *Avides, Agressifs et Accumulateurs* » – se sont emparées du secteur de la restauration collective et l'ont rendu rentable.

> « Pour assurer en même temps la baisse des prix, l'amélioration de la qualité, l'intégration de normes d'hygiène et la fortune des opérateurs, la solution sera trouvée : supprimer les cuisiniers et les cuisines, faire appel aux industriels, c'est la victoire totale des AAA. Jacques Borel avait réussi son opération d'alchimie : la transmutation d'un acte naturel – se nourrir – en or. Un acte aussi naturel que se nourrir était devenu bankable, était devenu le support – la raison – d'enrichissements inouïs[42]. »

Et de conclure avec ironie :

> « En 2013, la fortune de M. Pierre Bellon et de ses enfants est estimée par le magazine *Challenges* à plus de 3 milliards d'euros, 19e fortune française. En vendant des croûtes à deux balles. »

Le plus fort dans cette histoire, c'est que la famille Bellon n'est propriétaire d'aucun restaurant. Elle doit son argent à des contrats de gestion. C'est-à-dire du papier. « *La capitalisation boursière de Sodexo atteint 11 373 millions d'euros pour un chiffre d'affaires de 18 148 millions d'euros. Cela signifie que chaque repas vendu 1 euro vaut 0,60 cent* », calculait Philippe Durrèche au moment de la rédaction de son livre. Jolies marges, n'est-ce pas ?

42. Citation issue du manuscrit qu'il venait de terminer et qu'il souhaitait faire publier.

MARGES ET MARGES ARRIÈRE

Marges

Marges = différence entre ce que la SRC paie (frais de personnel et denrées alimentaires) et ce qu'elle reçoit de la vente des repas, après déduction des frais de gestion (inspecteurs, management, etc.).

Les sociétés de restauration collective ne font pas du mécénat ! Elles ont besoin de dégager des **bénéfices** pour faire tourner la machine et distribuer des **dividendes** à leurs actionnaires. La recherche des marges débute dès la réponse à l'appel d'offres. Comment être à la fois très compétitif sur les prix et réussir en même temps à tirer son épingle du jeu ? Avant de conseiller des collectivités, Alain Gaborit était directeur commercial d'une grosse SRC. Sa stratégie était la suivante :

> « On essayait de faire des bénéfices sur le prix des repas qu'on vendait aux collectivités, disons entre 15 000 et 20 000 €. Pour que ça passe, on noyait un peu la bête dans les frais de personnel et d'exploitation, les produits d'entretien… Le but étant que la marge n'apparaisse surtout pas dans le coût des denrées. »

Et d'illustrer :

> « Admettons que, pour faire une marge, il faille vendre le repas 1,50 €. On le facturait 1,20 € à la collectivité et on ventilait les 30 centimes restants à droite, à gauche, sur d'autres postes. »

D'après plusieurs experts interviewés pour ce livre, ces marges seraient de l'ordre de 5 % pour la marge nette (résultat avant l'impôt) et de 15 % pour la marge brute (résultat avant les frais de gestion). En apparence faibles, ces pourcentages peuvent néanmoins engraisser très vite les SRC, comme l'explique Christophe Hébert : « *La massification des marges permet de dégager des bénéfices. Prise isolément, c'est plutôt faible, mais multipliée par le nombre de repas servis, on finit par atteindre des chiffres vertigineux.* »

La diversification des activités permet en outre de générer d'autres types de marges. « *Décrocher le marché de la restauration d'une grande manifestation ou même d'une fête de village rapporte plus que la restauration scolaire* », illustre ce spécialiste. La Sodexo l'a bien compris. Elle est partenaire de Roland-Garros depuis vingt-huit ans. Chaque année, durant trois semaines, elle assure 9 500 couverts et 60 menus différents. Hors tournoi, ses équipes sont en charge du restaurant gastronomique *Roland-Garros* et du restaurant d'entreprise de la Fédération française de tennis. La bonne soupe que voilà…

Marges arrière

Les marges arrière sont des **remises** faites sur les **volumes achetés**. En contrepartie des énormes quantités commandées, la société de restauration collective demande à ses fournisseurs de lui rétrocéder une part du prix payé, qui peut aller jusqu'à 40 % du prix de base.

Exemple (7) : une SRC achète son bœuf 10 €/kg toute l'année. En contrepartie des volumes colossaux achetés, elle impose à son fournisseur de lui verser en fin d'année l'équivalent de 2 €/kg. Finalement, le kilo de bœuf ne lui aura coûté que 8 €.

Inutile de préciser qu'elle ne fera pas profiter son client de cette belle ristourne. La collectivité va payer son bœuf le prix fort d'un bout à l'autre de l'année.

Une fois que le partenariat est bien établi, il devient très difficile pour un fournisseur concurrent d'entrer en relation avec la SRC. La seule solution consiste à proposer un produit qui ne figure pas dans le catalogue client… et que le client souhaite le proposer à ses convives.

PRESSION SUR LES PRODUCTEURS ET LES FOURNISSEURS

Philippe Durrèche continue ses explications :

> « Les industriels, les Tricatel ont eu tôt fait de trouver les moyens pour baisser les coûts. D'abord, agir à la source, sur les agriculteurs, en faisant pression sur ceux-ci pour qu'ils améliorent – doux euphémisme – leur productivité, d'où les élevages industriels de porcs, de volailles et maintenant de bœufs[43], en faisant aussi pression grâce aux importations de volailles d'Asie du Sud-Est, d'Amérique du

43. Avec le magnifique projet de la ferme dite des « mille vaches » en Picardie, qui consiste à créer un élevage hors-sol d'un millier de bovins, élevage dont la rentabilité est assurée par la méthanisation des déchets, illustrant Onfray : « On fait de l'or avec la merde des vaches. »

Sud, de porcs de Chine, de fruits et légumes d'Afrique du Nord ou d'Europe du Sud. En bref, on transfère la patate chaude à la paysannerie et aussi aux contribuables – qui payent cher l'eau bon marché utilisée par les agriculteurs, qui payent pour la dépollution des sols gavés de nitrates à la suite des déjections animales déversées (merci les algues vertes).

Ensuite, mettre au point de nouveaux produits avec toujours pour cahier des charges :

a) remplacer ce qui est cher par des substituts bon marché – trois exemples : dans les produits de volailles (cordon bleu, nuggets) où la viande de volaille est remplacée par de la peau de volaille (humm !) ; dans les paupiettes de veau où l'enveloppe qui est normalement une escalope de veau (tirée de morceaux nobles comme la noix ou la sous-noix) est remplacée par une escalope fabriquée, reconstituée à partir de viande de veau hachée et retexturée (oui, on arrive à faire de la viande entière à partir de poudre[44]) ; dans les paupiettes de dinde ou de veau où la farce contient très peu de viande avec le remplacement à hauteur de près de 30 % de celle-ci par du soja[45] ;

44. Voir sur le Net les sites traitant de la poudre ACTIVA®. Il s'agit d'une poudre chinoise. Nommée officiellement « transglutaminase », cette enzyme possède la capacité de « coller » des morceaux de chair mis sous pression et donc de refaire des morceaux de viande de pseudo-1er choix à partir de morceaux de 2e choix ou hachés.
45. Le soja possède des particularités appréciées des industriels : très bon marché, il prend la couleur et le goût du produit qu'il complète. Il passe ainsi inaperçu. Pas dans les lieux de production, hélas (voir les ravages provoqués par la production du soja transgénique Monsanto en Amérique du Sud).

b) faire en sorte que cela soit agréable au goût et facile à manger ;

c) trouver un nom sympa (normandin de veau, grilladin, cœur de mer, moelleux de poulet, brandade de poisson, etc.) ;

d) respecter les limites fixées par les guides nutritionnels et même s'en vanter – argument commercial de choc : « respecte le GEM-RCN[46] ». Si nécessaire, agir pour faire modifier les normes et les rendre acceptables par les industriels[47]. »

Dans le 18e arrondissement, le cahier des charges (arrivé à échéance fin août 2018) stipulait que la viande devait être labellisée. Lors d'une commission Restauration, les parents ont signalé avoir constaté assez régulièrement des manchons de poulet et autres préparations carnées industrielles reconstituées, soit de la **viande non labellisée**. « *C'est normal !* » leur a-t-on répondu en substance. La raison ? Ce n'est pas de la viande ! Sauf à inventer un label « *100 % peau de volaille* » ou « *escalope garantie 100 % reconstituée* », il n'existe donc pas (encore) de certification pour ces sous-produits industriels.

En conclusion, ce n'est pas parce que le cahier des charges indique noir sur blanc la mention « *100 % de viande labellisée* » que Junior consommera uniquement du Label Rouge. Un parent prévenu en vaut deux.

46. *Cf.* p. 161

47. Extraits issus du manuscrit non publié de Philippe Durrèche.

PETITES TRICHERIES ENTRE AMIS : RUSES, MANQUEMENTS ET CONTOURNEMENT DU CAHIER DES CHARGES

Le cahier des charges est un **document contractuel** liant le client à son prestataire. Il formalise les besoins et objectifs du premier et cadre les missions du second durant toute la durée du contrat.

Un cahier des charges peut faire 3 pages comme 200. Il s'établit en interne par les services dédiés de la collectivité ou par un cabinet de conseil extérieur. Plus il est précis, plus le prestataire est cadré.

Le cabinet Agriate est spécialisé en restauration collective et conseille les collectivités pour tous types de convives (crèches, scolaires, EHPAD).

Selon Annie Pinquier, la dirigeante-fondatrice, un bon cahier des charges doit comporter les trois rubriques suivantes :

- **Offre alimentaire :** denrées, recettes et menus attendus.
- **Organisation :** manière dont les plats doivent être servis (chaud, belle présentation, juste grammage...).
- **Gouvernance :** outils permettant de suivre la progression de la restauration collective. Pour que cela soit pertinent, il faut utiliser des pourcentages ou des seuils qui chiffreront exactement une progression ou une diminution.

Au moment de l'élaboration du nouveau cahier des charges pour la restauration scolaire du 18e arrondissement, les membres du collectif « Les enfants du 18 mangent ça » ont demandé à ce que les formulations trop vagues du type « *les aliments industriels seront évités* » ou « *les aliments sucrés seront limités* » soient précisées à l'aide de chiffres ou de pourcentages. Ils ont fait chou blanc ! Il sera donc impossible d'évaluer, sur les cinq années à venir, si ces produits sont effectivement limités ou évités... Voilà un bien joli cadeau pour la SRC qui a décroché le marché !

Une fois le cahier des charges élaboré, la collectivité lance un **appel d'offres** permettant de choisir le futur délégant. Pour cela, elle détermine un ensemble de critères d'attribution puis calcule le score global de chaque offre.

Score global = score technique (qualité) + offre économique (prix)

Le vainqueur ne sera pas le même selon la politique de restauration de la collectivité. Le score technique et l'offre économique vont en effet être pondérés selon les priorités qu'elle s'est fixées.

NOTATION DES OFFRES

A. Les critères économiques priment nettement, les critères qualitatifs sont secondaires.
B. Les critères prix sont plus importants que les critères qualitatifs, mais ceux-ci gardent un caractère important.
C. Qualité et prix ont la même importance.
D. Les critères qualitatifs sont plus importants que les critères prix, mais ceux-ci gardent un caractère important.
E. La qualité prime nettement, les critères économiques sont secondaires.

Pour augmenter leurs chances d'être sélectionnées, certaines SRC n'hésitent pas à recourir à la ruse, comme l'illustre Annie Pinquier :

> « Le candidat, par exemple, indique dans sa réponse qu'il va travailler des légumes bruts alors que la cuisine ne possède pas de légumerie, ou encore que 100 % de la pâtisserie sera maison alors qu'il n'y a pas de plan de travail en marbre[48] ! Ça semble surprenant mais c'est très fréquent. »

Pour éviter les mauvaises surprises ultérieures, tout, absolument tout doit être précisé, jusqu'à la gamme de carottes attendue ou le mode de calcul de la part d'alimentation bio. « *C'est primordial pour que la collectivité se donne les moyens de contrôler son prestataire, sinon c'est la porte ouverte à tous les abus* », insiste cette spécialiste.

Or, des abus en DSP, il y en a !

Simon[49] peut en témoigner. Actuellement en formation de diététicien, ce quadra a effectué plusieurs stages, dont un de trois semaines dans des cantines de collège gérées par une société leader de la restauration collective. Parmi ses tâches : accompagner les contrôleurs. Son témoignage est accablant :

> « En moins de quatre semaines, j'ai constaté une dizaine de manquements graves. La viande censée provenir de France venait en réalité de l'étranger. Le poisson soi-disant issu de la pêche durable ne l'était pas du tout. Et bien sûr, ces aliments n'étaient pas annoncés comme étant de substitution ! Le prestataire peut évidemment rencontrer

48. Le marbre permet de travailler le chocolat, le sucre et les pâtes nécessitant une certaine fraîcheur. Ce matériau présente l'avantage de n'absorber ni la graisse ni l'humidité, et de rester toujours propre et frais.
49. Le prénom a été changé.

> des problèmes d'achalandage, mais lorsque cela arrive, il doit prévenir. Dans les cas que je viens de citer, il a préféré laisser couler, espérant que personne ne s'en rendrait compte. Le délégataire pratiquait sciemment une sorte de politique du "tant que ça passe"... »

L'expérience de Simon est loin d'être isolée. Dans son documentaire *Les casseroles de la restauration scolaire*, la réalisatrice Céline Destève suit en caméra cachée un inspecteur diligenté par une mairie pour contrôler une cuisine centrale. Le contrat de cette collectivité prévoit une prestation haut de gamme : 100 % des légumes doivent être biologiques et la viande d'origine française. En fouillant dans les placards et en épluchant les étiquettes, l'inspecteur découvre du steak haché italien, des tartines grillées avec du chèvre gorgé d'additifs et des légumes arrosés de pesticides. À la question : « *Où est le bio ?* », le cuisinier répond, désabusé : « *Il y a longtemps qu'on n'en a pas eu.* »

Ce documentaire présente d'autres techniques de gruge savamment orchestrées :

✔ Tricher sur les grammages
Au lieu de servir des steaks de 30 g (portion recommandée), les SRC garnissent les assiettes des enfants avec des steaks de 26 g. Mis bout à bout, ces quelques grammes grappillés finissent par représenter une quantité énorme, et donc une économie substantielle.

✔ Changer le menu au dernier moment

> « Comme par hasard, le changement de menu s'effectue toujours au détriment de la qualité intrinsèque du produit. Le jambon supérieur se transforme en épaule, les légumes frais en surgelés, le gratin de pâtes est préparé avec des

> rondelles de saucisson à l'ail plutôt qu'avec des dés de jambon… commentait Philippe Durrèche, interrogé par la réalisatrice.

Dans le 18e arrondissement, des **manquements** comme celui-ci, il y en a régulièrement. Ils ne sont jamais, en effet, en faveur des enfants. Fin 2017-début 2018, la neige a eu bon dos, et ses répercussions sur les menus se sont poursuivies longtemps après sa fonte ! Durant cette période, les cordons bleus et autres produits industriels assimilés n'ont jamais autant garni les assiettes. Quand les températures se sont adoucies, la SRC a dû trouver d'autres subterfuges car, chez les Tricatel, un sou est un sou. Ainsi, le jour du jambon Label Rouge, après contrôle d'une maman dans l'une des écoles, seule une vingtaine de tranches correspondait effectivement au menu affiché. L'immense majorité des gamins ont eu droit à du jambon de dinde reconstitué.

> « Dans les cahiers des charges que nous élaborons, les changements de menu non prévus ne sont pas acceptables ! » martèle Annie Pinquier. « Ils peuvent avoir des conséquences dramatiques en cas d'allergie de l'enfant. Pour nous, c'est une cause de pénalité. À charge ensuite pour la collectivité de faire appliquer ou non la sanction. »

Ça, c'est une tout autre question.

DE L'ART DU MARKETING

« *Avant de leur apprendre les quatre saisons de Vivaldi, commençons par leur apprendre les quatre saisons dans l'assiette.* » Écrit en grosses lettres sur les camions de livraison de la Sogeres, ce slogan sort tout droit du département Marketing, jamais à court d'idées. Ce dernier décline ses mensonges éhontés jusque sur son site Internet. Ainsi, sur la page d'accueil, on peut lire : « *La passion dans toutes nos recettes.* » Il suffit de regarder les photos des plateaux-repas postées sur la page Facebook des « Enfants du 18 mangent ça » pour constater qu'ils en manquent cruellement. Mais le pire reste à venir !

Direction la rubrique « Écoliers, étudiants », où l'on peut lire noir sur blanc :

> « Prendre soin de la santé des enfants, c'est d'abord leur proposer une nourriture saine, préparée avec de bons produits, et composer de savoureuses recettes. Voilà pourquoi nous sommes intraitables sur la qualité de nos approvisionnements. Et tout aussi exigeants sur la façon de les cuisiner. »

Un peu plus bas, on apprend que la SRC met en priorité dans leurs assiettes des « *produits frais, de saison et issus d'une agriculture locale et de préférence raisonnée* ». Ces denrées d'exception sont évidemment préparées par « *une équipe de chefs formés à travailler les produits pour en exalter le vrai goût, des techniques culinaires adaptées, nos éco-gestes pour économiser les ressources* ». Ces surdoués de la restauration proposent des « *grands classiques de la cuisine française puisés dans le patrimoine culinaire de nos régions* ».

Chez Elior, on se situe plus modestement sur « *l'appétit du mieux* ». Derrière ce slogan, on trouve malheureusement le même genre de soupe.

Connaissant les ficelles du métier, Alain Gaborit raconte comment les pros du marketing enrobent « *les plats sous des intitulés volontairement ambigus. Qui peut dire exactement ce qu'est une "salade printanière" ? une "salade andalouse" ? On y ajoute même parfois de jolis dessins* ».

> « On retrouve dans les réponses aux appels d'offres des termes très marketés qui peuvent déguiser de piètres produits. C'est d'ailleurs la raison pour laquelle nos nutritionnistes sont extrêmement attentifs aux recettes proposées par les SRC », confirme Annie Pinquier. « S'il est prévu par exemple de servir un sauté de bœuf plusieurs fois dans l'année, nous demandons avec quelles pièces de la bête il sera cuisiné, pour s'assurer que les enfants ne se retrouvent pas avec des morceaux trop gras. »

La sauce marketing dégouline au-delà des dénominations de recettes. Pour décrocher un contrat, les SRC n'hésitent pas à proposer des « **ateliers du goût** » et autres « ateliers cuisine » avec le chef. La Sogeres mentionne par exemple sur son site l'existence d'animations pour « *donner envie de goûter à tout, acquérir les bons réflexes nutritionnels, s'éveiller aux produits, aux saveurs, aux recettes* ».

Espérons que leurs animateurs sont suffisamment motivés, car il faut une sacrée dose de persuasion pour inciter les gamins à goûter des produits industriels, acquérir des réflexes nutritionnels à partir d'aliments bourrés d'additifs et les amener à s'éveiller aux saveurs des arômes artificiels… « *Sur le papier, c'est clair, ils vendent du rêve, mais une fois le contrat en poche, les belles promesses tombent aux oubliettes* », illustre Simon, le nutritionniste en formation, avec un zeste d'écœurement. Quand elles ne sont pas oubliées, les promesses sont réalisées au rabais. « *Au lieu de se rendre dans toutes les écoles, la société va dépêcher un animateur dans une seule cantine, plus rarement deux. Ou alors l'atelier sera complètement bâclé, avec du personnel insuffisant* », se souvient Alain Gaborit avant de rappeler le credo des SRC : un sou est un sou.

L'HYGIÈNE ET LA SÉCURITÉ COMME ÉTENDARD

Le point fort des SRC ? L'hygiène et la sécurité alimentaire. Dans ces deux domaines, elles ont acquis une **expertise** qu'elles ont su agiter comme un étendard devant des élus paniqués à la simple évocation du mot « toxi-infection ». La peur n'est-elle pas le meilleur facteur de manipulation ?

Dans son manuscrit, Philippe Durrèche explique très bien comment ces sociétés s'y sont prises pour rafler des DSP :

> « Bien que l'interdiction des œufs n'existe pas – j'ai cherché cette interdiction et je l'affirme, elle n'existe pas –, on ne trouve aucun gestionnaire de cuisine centrale qui achète et utilise des œufs frais. Si vous posez la question du pourquoi de ce bannissement, la réponse tombera : interdits par les services vétérinaires. La tête sur le billot, cette version fausse vous sera resservie chaque fois. Car c'est devenu une vérité, un lieu commun, une donnée qui n'est jamais remise en question.

Alors, vous cherchez à comprendre et vous vous demandez où réside le risque de faire cuire des œufs durs, dix minutes à 100 °C – de quoi tuer toutes les salmonelles. Et là, vous comprenez que l'hygiène-alibi permet de s'approvisionner auprès de M. Tricatel, qui vous livre des œufs durs dans des bidons, des seaux, des poches, toujours conservés dans une saumure (8) – qui transforme l'œuf dur en balle de ping-pong avec une croûte sur le blanc de l'œuf, jusqu'à les rendre immangeables, surtout lorsqu'ils sont chauffés.

Vous vous demandez pourquoi, avec des œufs frais, on ne fait pas des omelettes dans les cuisines centrales ? Vous cherchez le risque alors que la cuisson des œufs va évidemment détruire tous les microbes possibles ? Et vous trouvez la réponse en fouillant les poubelles et en tombant sur les emballages des omelettes achetées chez le même Tricatel, soit surgelées, soit sous vide.

Alors, bien sûr, les services vétérinaires sont contents, mais ils n'en demandaient sans doute pas tant. Ils servent juste d'alibi au confort du gestionnaire. Dame, allez demander à un cuisinier d'écaler 10 000 œufs durs ou de faire des omelettes pour 10 000 personnes (30 000 œufs à couper), c'est totalement irréaliste et c'est pourquoi le couple liaison froide-Tricatel fonctionne si parfaitement. Cuisine avec des ciseaux, vous dit-on, pas avec des couteaux… »

Le collectif « Les enfants du 18 mangent ça » a récupéré la fiche technique des « *omelettes nature biologiques fraîches* » fabriquées par Ovipac, « *l'œuf des chefs* »… Ça ne s'invente pas !

OMELETTES NATURE BIOLOGIQUES FRAÎCHES (OVIPAC)

Description : omelettes individuelles légèrement marbrées pliées en forme de demi-lune, conditionnées sous atmosphère protectrice.
Aspect et texture : omelette moelleuse, légèrement baveuse.
Couleur : jaune, avec marbrures caramel à brun clair.
Odeur et saveur : caractéristiques de l'omelette traditionnelle.
Ingrédients : œuf, lait écrémé, amidon de riz, sel.
Durée de vie (DLC) : 28 jours.

On préfère bannir les œufs frais pour éviter tout risque de salmonellose et on gave nos enfants d'omelettes préparées jusqu'à vingt-huit jours à l'avance. Il est pas beau, le progrès? Aurélie Bénazet, nutritionniste et coprésidente du Réseau national de cuisiniers et de diététiciens accompagnateurs de la restauration collective sociale, « Les pieds dans le plat », prévient néanmoins : à force de pécher par excès de confiance (« *les œufs en bidon, ça craint rien!* »), les agents de cuisine ont tendance à laisser à l'air libre la mayonnaise, voire à y glisser une cuillère souillée. Résultat : les principales toxi-infections auraient lieu avec des mayo industrielles. Mais pourquoi pointer du doigt les produits industriels quand il est si simple d'effrayer un élu avec un œuf sortant du cul de la poule?

TRAFIC D'INFLUENCE ET CORRUPTION

Les grosses sociétés de restauration collective pratiquent-elles la corruption et/ou le trafic d'influence pour décrocher des DSP? Le documentaire de Céline Destève, *Les casseroles de la restauration collective*, révèle clairement des pratiques peu orthodoxes, surtout auprès de cabinets de conseil. Le dirigeant de l'un d'entre eux reconnaît sous couvert d'anonymat que « *les sociétés de restauration collective vont avoir tendance, à partir du moment où vous créez votre cabinet de conseil, à venir vous voir et à faire en sorte que vous soyez l'intercesseur auprès de clients, y compris en vous proposant de l'argent* ».

À Asnières, en 2011, deux cadres de la société Avenance (filiale d'Elior) ont ainsi écopé d'une peine d'un an de prison avec sursis pour avoir versé 50 000 € à un cabinet de conseil et arrosé de champagne l'ex-n° 2 de la mairie.

Selon Philippe Durrèche, 50 % au minimum des cabinets de conseil seraient corrompus par les SRC. Il reconnaissait lui-même avoir été approché à de nombreuses reprises par certaines d'entre elles. Elles sont malheureusement tombées sur un os ! Dans son manuscrit, ce consultant décédé n'épargnait pas les élus :

> « Mais, pour d'autres, l'appât du gain – la peur de manquer ? –, la soif de reconnaissance – la peur de ne pas exister ? –, de réelles difficultés dans l'équilibre de leurs budgets – la peur des critiques de l'opposition ? – ouvrent la porte aux corrupteurs : on peut vous financer votre équipe de foot, monsieur le maire, on peut sponsoriser votre manifestation, bien sûr, on peut prendre un stand à telle fête, on peut aussi vous inviter à Roland-Garros, on peut avoir le même imprimeur au moment des campagnes électorales, on peut recruter votre fille – ah, justement, on cherchait une stagiaire à Londres –, ne voulez-vous pas connaître telle grande table ? ou visiter tel musée, suivi d'un déjeuner ? Venez avec Madame. Bien entendu, on préparera aussi les petits-fours pour votre prochain pot. Pour ceux qui vont dire "c'est pas possible !", il faudra leur rappeler le

> classement de la France sur l'échelle de la perception de la corruption publiée par l'ONG Transparency International : en 2012, la France pointait à la 22e place, entre les Bahamas et Sainte-Lucie. Si la police et la justice faisaient juste 10 % du travail d'enquête sur les dossiers qui leur sont signalés, ces statistiques changeraient. Mais croyez-en un vieux bourlingueur, "ils" ne veulent ni voir ni savoir.

NOS ÉLUS : RESPONSABLES MAIS PAS COUPABLES ?

Oh que si ! Les élus ont la société de restauration qu'ils méritent ! Pour rester dans un registre culinaire, ils ne peuvent pas avoir le beurre et l'argent du beurre (et plus si affinités !). Ce sont eux qui décident du **contenu du cahier des charges** : produits bio ? viandes labellisées ? fruits de saison ? légumes issus de circuits courts ? interdiction des OGM ? pourcentage limité de produits industriels ? Mais évidemment, tout cela suppose de mettre un peu d'argent…

Loin de stigmatiser gratuitement les SRC, Philippe Durrèche insistait sur ce point :

> « Les SRC sont des partenaires utiles et professionnels, à condition qu'on sache les utiliser. Les querelles selon lesquelles les villes feraient les choses mieux que les sociétés de restauration sont stériles. La guerre ne se situe pas à ce niveau-là, mais dans les mesures de contrôle. Le vrai responsable, c'est le maire : il décide de faire ou de faire faire. Il décide du prix qu'il veut payer. Il décide de la société avec laquelle il veut travailler s'il ne fait pas lui-même. Il décide de mettre ou de ne pas mettre en place les boucles du contrôle. »

Les contrôles

Le contrôle de la délégation de service public

« L'autorité délégante doit s'assurer que son délégataire respecte ses obligations contractuelles, la qualité du service et l'équilibre financier du contrat », résume le consultant Patrick du Fau de Lamothe. Pour l'y aider, la loi[50] a donc prévu que « le concessionnaire produise chaque année un rapport comportant notamment les comptes retraçant la totalité des opérations afférentes à l'exécution du contrat de concession et une analyse de la qualité des ouvrages ou des services. Lorsque la gestion d'un service public est déléguée, y compris dans le cas prévu au III de l'article 6 de la présente ordonnance, ce rapport permet en outre aux autorités concédantes d'apprécier les conditions d'exécution du service public. »

Un article de *La Gazette* du 3 septembre 2012, intitulé « Service public : nécessité et limites du contrôle des délégataires[51] », explique que la collectivité :

> « peut intervenir lorsque des défaillances qualitatives ou quantitatives imputables à la gestion de ce dernier [le délégataire, N.D.A.] ont été relevées. Elle peut commencer par contrôler sur pièces et sur place la bonne exécution de la convention. Elle a la possibilité d'agir par la voie contractuelle en concluant des avenants au contrat. Il lui est également possible de mettre le délégataire en demeure de faire cesser des dysfonctionnements ou manquements aux stipulations contractuelles avant de mettre en œuvre le

50. Article 52 de l'ordonnance n° 2016-65 du 29 janvier 2016 relative aux contrats de concession.
51. http://www.seban-associes.avocat.fr/wp-content/uploads/2015/08/pub_controle-desdelegataires-simon.pdf

> droit de sanction à l'égard du délégataire, dont les modalités sont toujours prévues dans le cahier des charges. Enfin, la voie juridictionnelle lui est ouverte : la collectivité pourra engager la responsabilité de son délégataire si les contrôles menés démontrent que l'entreprise attributaire ne respecte pas ses obligations administratives, techniques ou financières, ou si elle ne coopère pas au contrôle de sa gestion (documents non fournis, incomplets ou imprécis). »

Qu'en est-il dans les faits ? Pas grand-chose… Le papier explique que « *les rapports des délégataires sont souvent produits tardivement, et la qualité des informations données ainsi que leur fiabilité sont insuffisantes* ». Et, bien sûr, il n'est pas rare que les **pénalités prévues** pour sanctionner ces défauts ne soient pas appliquées ! Lorsque ces comptes-rendus sont produits par le délégataire, il apparaît que certains documents clés (modalités d'imputation des charges de structures, éléments permettant d'apprécier l'équilibre financier du service, indication précise des produits du service revenant au concessionnaire et des compensations versées par la commune…) manquent à l'appel. Certaines chambres régionales des comptes (juridictions administratives financières chargées de vérifier les comptes des collectivités locales) constatent en outre que « *les contrôles effectués par les collectivités ne sont pas assez approfondis* ». Patrick du Fau de Lamothe confirme ce constat accablant.

Le délégataire du service de restauration collective du 18e arrondissement de Paris est l'un des leaders de la restauration collective. En treize ans de délégation (deux contrats de quatre ans et un de cinq ans arrivé à échéance en août 2018[52]), il n'a jamais reçu la moindre

52. À l'heure où j'écris ces lignes, j'ignore encore s'il obtiendra le marché de DSP pour la période 2018-2024.

sanction[53], alors que les parents d'élèves ont constaté à leur niveau **plusieurs manquements** assez évidents, notamment des changements de menu de dernière minute. Oui, c'est vrai, quand on cuisine pour 14 000 enfants, une denrée peut manquer et obliger à revoir son fusil d'épaule. Mais Philippe Durrèche, ancien consultant des collectivités en matière de restauration collective, a remarqué que, curieusement, le changement de menu ne se fait jamais **au profit des enfants**. Ce qu'on leur sert est quasi systématiquement moins bon, de qualité plus médiocre que ce qui était initialement prévu. Bizarre… Mais passons.

Lors d'une réunion organisée par la caisse des écoles fin 2017, certains de ces parents s'en sont émus au point de s'interroger sur l'existence de contrôles du prestataire. La caisse des écoles s'est contentée de répondre qu'il y avait bien des contrôles, mais qu'il n'était pas possible de donner de détails! Des contrôles ont-ils effectivement eu lieu? Ont-ils porté sur l'**hygiène** (et là, force est de constater que l'hygiène et la sécurité sont les deux points forts du secteur)? Si c'est le cas, il n'est donc pas étonnant qu'aucune sanction n'ait jamais été prise. Ont-ils porté sur la **qualité des produits** (et leur conformité au cahier des charges)? Mystère et boule de gomme!

Pourtant, ces contrôles sont importants. Et pas seulement pour la situation financière de la collectivité. Pour la santé de nos enfants aussi. Nous en reparlerons.

53. À l'exception d'une toute petite, courant avril 2018, à la suite des multiples pressions des parents.

UN CLIMAT DE CONFIANCE « DÉMESURÉ »

« Un plus bio », premier réseau national des cantines bio, a mis en place un Observatoire de la restauration collective bio et durable, qui a rendu son premier rapport en 2017*. Ce document, qui s'est appuyé sur 74 collectivités, indique que « *pour des raisons de fiabilité, les résultats retenus reposent sur la restauration scolaire en gestion directe* ». Le directeur, Stéphane Veyrat, justifie ce choix méthodologique : « *Le système des DSP est souvent très opaque. Dans 70 % des cas, nous n'avons pas pu récupérer le prix consacré à l'achat des denrées. Évidemment, nous nous en sommes étonnés auprès des collectivités, mais nous avons vite compris qu'en réalité, personne ne vérifie. Le climat de confiance est absolument démesuré. À partir du moment où le prestataire livre les repas, tout le monde est content !* »

* http://www.unplusbio.org/wp-content/uploads/2017/11/Rapport-Observatoire-Un-Plus-Bio-2017-light.pdf

Le contrôle du respect du cahier des charges

Le cahier des charges, c'est ce document extrêmement important qui va prévoir si la viande servie aux enfants doit être labellisée et, si oui, à quel pourcentage. Idem pour les fruits et légumes bio. Si les aliments industriels sont les bienvenus ou pas…

Mais contrairement au contrôle de la DSP qui est obligatoire, celui du respect du cahier des charges s'effectue selon le bon vouloir de la collectivité. Certaines y mettent beaucoup de zèle, d'autres laissent faire, faute de moyens ou bien de volonté. Simon, le nutritionniste en formation, témoigne :

> « Le contrôle, c'est une chose. Le contrôle par des spécialistes, c'en est une autre. Le département où j'ai fait mon

stage affecte des budgets spécifiques pour contrôler ce qui se passe en cuisine. Les gestionnaires ne sont cependant pas toujours très calés pour les réaliser. Ils manquent de connaissances et ne sont donc pas armés pour les effectuer. Résultat, ils se font endormir ! Voilà pourquoi il est impératif que ce travail soit réalisé par des spécialistes. »

LES PARENTS : DES CITOYENS, PAS MOINS !

La loi[54] autorise les parents à accéder aux **données essentielles** du contrat de concession. Si, néanmoins, la collectivité fait de la résistance, il reste une option : s'adresser à la Commission d'accès aux documents administratifs (CADA). Mieux vaut avoir un juriste dans son collectif pour s'y coller.

Mais parce qu'un contrat ne s'apprécie vraiment qu'au regard des précédents, Patrick du Fau de Lamothe préconise de se procurer aussi les contrats antérieurs pour bien comparer. Ensuite, il faut se plonger dedans, sans oublier les annexes. « *Le diable se cache parfois dans les détails !* » ironise en connaissance de cause ce consultant. En plus du contrat, ce spécialiste de la DSP conseille vivement de se plonger dans les rapports annuels techniques et financiers du délégataire – « *s'ils existent* » – et d'éplucher tous les chiffres de la délégation :

« Le délégataire tient-il ses objectifs ? Quel est le prix des repas facturés ? Quelle marge peut-il obtenir ? Dans certains contrats, on trouve des clauses qui limitent les gains. Si le délégataire obtient des gains supplémentaires, un partage

54. Article 53 de l'ordonnance n° 2016-65 du 29 janvier 2016 relative aux contrats de concession.

peut être prévu. Mais attention, cela peut aussi être un signe d'alerte ! Un délégataire qui gère trop bien sur le plan financier peut parfois signifier qu'il rogne sur la qualité. »

Les parents en revanche n'ont pas le droit de participer – même en tant qu'observateurs – aux différentes réunions préparatoires permettant de choisir le délégataire. Tout au plus peuvent-ils assister à la réunion du **comité de gestion** qui va délibérer sur le marché. Ces commissions sont pourtant fondamentales dans la mesure où elles examinent les différents *benchmarks* des candidats et organisent les négociations.

« Même si cela semble surprenant pour une démocratie, la caisse des écoles est parfaitement dans son droit. Le travail préparatoire n'est pas ouvert au public », informe Patrick du Fau de Lamothe. « Le maire, président de la caisse des écoles, étudie les propositions finales, émet un avis et transmet les documents au comité de gestion quinze jours avant la tenue de la réunion. À défaut, le contrat peut être cassé pour vice de forme », complète-t-il. « La réunion du comité de gestion, c'est différent : les délibérations entraînant des conséquences juridiques pour les usagers, il est normal qu'elles soient publiques. »

LA RÉGIE DIRECTE : UN GAGE DE QUALITÉ ?

Dans le cadre de mon enquête, j'ai interviewé un certain Nicolas, chargé pendant deux ans des restaurants scolaires d'une petite collectivité (< 1 000 enfants, cuisines intégrées dans les cantines) en Auvergne. À l'époque où il y travaillait, c'est Transgourmet – gros distributeur de produits frais, d'épicerie, de surgelés et d'hygiène pour la restauration collective – qui avait gagné l'appel d'offres. Autrement dit, une entreprise de distribution aux reins solides proposant des prix ultracompétitifs. « *Une collectivité peut très bien lancer des appels d'offres sur différents marchés, mais il est souvent plus simple de passer par un seul distributeur à qui l'on va commander l'ensemble des produits et qui va nous fournir des prix fixes le temps de la durée du marché, en l'occurrence trois ans dans notre collectivité* », introduit Nicolas avant de reconnaître que cette option « *te coince si les prestations sont mauvaises* ». Qu'en était-il de Transgourmet ? Il raconte :

> « Je me souviens que nous achetions les boîtes de conserve de tomates à 60 centimes le kilo. Pour obtenir ce tarif-là, je me suis demandé d'où elles pouvaient bien venir. C'est quand même assez opaque. Une boîte fermée peut contenir des tomates qui ont poussé en Chine [second producteur mondial et premier exportateur de tomates d'industrie, N.D.A.[55]], ou en Italie, dans des champs en bordure d'autoroutes, ramassées par des migrants exploités. Le contenant n'indique pas non plus quels produits chimiques ont été balancés dessus. »

Ce quadra poursuit en expliquant que, pour faire leurs sauces ou leurs tartes, les cuisiniers utilisaient des fonds de sauce et des préparations toutes faites type Alsa « *un peu chimiques* ».

Côté viande, pas de quoi rêver non plus.

> « La viande était difficile à tracer. On plaisantait avec notre fournisseur, car on était en plein scandale de la viande

55. https://www.rts.ch/info/economie/8611454-le-business-de-la-tomate-enquete-sur-un-concentre-de-mondialisation.html

> de cheval dans des lasagnes industrielles [2013, N.D.A.[56]]. On lui disait : "Ah ben on ne va pas acheter des lasagnes Findus mais votre viande, elle est comment ?" En guise de réponse, il nous sortait plein d'arguments commerciaux mais, finalement, nous n'avions aucun moyen de vérifier. Qui peut garantir qu'une étiquette n'a pas été modifiée en cours de route ? Du coup, tu n'as pas d'autre choix que de faire confiance. Au-delà de ça, les enfants mangeaient souvent des morceaux pas extra. Des vieilles génisses, quoi… Jamais de Label Rouge. Pour le poisson, ce n'était guère mieux, puisque les cuisiniers travaillaient des produits surgelés. Je doute qu'il s'agissait de poissons issus de la pêche responsable », commente-t-il.

Les fruits ne bénéficiaient pas d'un sort plus glorieux : ils étaient durs, sans doute cueillis trop tôt, et leur origine n'était pas garantie. « *On nous livrait des cagettes à tel prix le kilo. Point* », termine Nicolas.

Des contraintes rédhibitoires

On l'aura compris, ici comme ailleurs, il est question de **volonté politique**. Combien la collectivité en régie directe va-t-elle décider de donner à son cuisinier pour acheter les produits servis aux enfants ? Quel budget va-t-elle accorder aux fruits et légumes, aux céréales, à la viande… ?

56. De la viande de cheval a été retrouvée dans des lasagnes Findus à la suite d'une fraude commise en 2013 à l'échelle européenne. Cette fraude a consisté à faire passer de la viande de cheval pour de la viande de bœuf en modifiant l'étiquetage sur des lots de minerai de viande.

Mais la volonté politique n'explique malheureusement pas tout. Le **code des marchés publics** est en grande partie responsable de la malbouffe qui sévit dans les cantines. Dans le livre qu'il venait de terminer avant de décéder, Philippe Durrèche le démontre très bien. Il commence par rappeler qu'avant 2004, le code des marchés publics autorisait les petites collectivités territoriales (en deçà d'un seuil de 200 000 € HT) à passer des marchés publics sans recourir à la procédure des appels d'offres[57]. En clair, elles pouvaient faire « leur marché » auprès des fournisseurs de leur choix, sur des foires, des marchés, des lieux de production, et privilégier ainsi les circuits courts, et donc des produits frais et de saison.

ANNEXE AU DÉCRET N° 2001-210 DU 7 MARS 2001
PORTANT CODE DES MARCHÉS PUBLICS (ABROGÉ)

Titre I I - PASSATION DES MARCHÉS
Chapitre II - Définition des procédures
Section 1 - Absence de formalités
ou modalités particulières de passation
Article 29

En deçà du seuil de 130 000 euros HT pour l'État et de 200 000 euros HT pour les collectivités territoriales, les marchés publics peuvent être passés sans formalités préalables pour les achats, dans les conditions les plus avantageuses, de denrées alimentaires périssables sur foires ou marchés ou sur les lieux de production. →

57. Article 29 du décret n° 2001-210 du 7 mars 2001 portant code des marchés publics.

INSTRUCTION

MINISTÈRE DE L'ÉCONOMIE, DES FINANCES ET DE L'INDUSTRIE INSTRUCTION DU 28 AOÛT 2001 POUR L'APPLICATION DU CODE DES MARCHÉS PUBLICS (DÉCRET N° 2001-210 DU 7 MARS 2001)

L'article 29 permet aux acheteurs publics, en dessous des seuils de l'appel d'offres, d'acquérir sans formalités particulières des denrées alimentaires périssables sur foires ou marchés ou sur les lieux de production. La personne publique peut ainsi bénéficier rapidement des opportunités résultant d'une abondance de production et des variations de prix sur les produits frais et s'assurer d'une certaine qualité, spécialement parmi les produits dont la conservation est de courte durée.

Les conditions relatives à la catégorie de produits et aux lieux d'achat de ces produits sont cumulatives. Il ne peut s'agir que de denrées périssables achetées directement sur foires et marchés ou sur le lieu même de production.

Il est important de noter que le code limite cette possibilité aux achats d'un montant inférieur aux seuils de l'appel d'offres.

Le montant à prendre en compte pour vérifier ce seuil est le total des achats à effectuer par famille homogène de denrées alimentaires. S'il s'agit de produits achetés régulièrement, le seuil sera évalué pour une année civile selon le mode de computation des seuils indiqué en matière de fournitures récurrentes.

Comme pour les marchés passés en application de l'article 28, ces marchés ne sont soumis à aucune procédure particulière, ils peuvent notamment être dispensés de forme écrite et correspondre à des achats sur factures et travaux sur mémoires ou être passés sous la forme de contrats écrits de forme libre.

Malheureusement pour nos petits, cette dérogation a été supprimée en 2004. Depuis, les collectivités sont contraintes de lancer des « procédures formalisées » (appels d'offres) dès lors que le montant estimé du marché est supérieur à 25 000 €[58] (autrement dit *peanut*). Résultat ? Voici le point de vue de Philippe Durrèche :

> « Cette mesure a pourri les achats de fruits et légumes, détruit les marchés d'intérêt régionaux, favorisé l'importation des fruits et légumes de pays à bas coûts, notamment l'Espagne – avec la qualité que l'on connaît, n'est-ce pas, concernant par exemple les fraises. Pour assurer des approvisionnements aussi divers que variés, les collectivités n'ont pas eu d'autre solution que de passer des marchés avec des grossistes distributeurs. Ces marchés, passés pour un an ou pour quatre ans, mettent entre les mains de ces grossistes les approvisionnements en fruits (et bien sûr aussi en légumes) de nos collectivités, hôpitaux et administrations. Mais la mise en prison de la collectivité – car ce n'est rien d'autre que cela dont il s'agit : confier le monopole de la fourniture des fruits et légumes à une entreprise unique – possède les inconvénients suivants : le grossiste achète les produits là où il gagne le plus d'argent, la qualité n'est pas son premier critère, seule la marge l'est ; le grossiste ne maîtrise pas le degré de maturité – lui-même n'achète pas sur les marchés, il a des contrats, notamment avec les importateurs et directement avec les coopératives de producteurs ; c'est « la bouteille à l'encre » pour la fixation des prix – qui va voir la différence entre une tomate roumaine de 40 mm avec une tomate marocaine de 50 mm,

58. Décret no 2015-1163 du 17 septembre 2015 modifiant certains seuils relatifs aux marchés publics.

entre une salade sous serre poussée en Hollande et une autre venant de Châteaurenard ? »

Le **Salon de la régie directe** organisé par Restau'co Porte de Versailles en avril 2018 comptait beaucoup de distributeurs (Davigel, Transgourmet, Socopra, Bonduelle…), mais aussi des fabricants de plats cuisinés et/ou de produits industriels (Sodebo, Soulié Restauration, Saupiquet, Bel) et bien sûr quelques multinationales (Unilever, Nestlé…). Le vendeur d'une marque de desserts aux fruits et de légumes cuisinés m'a raconté que certains distributeurs faisaient parfois des **marges conséquentes** (compote bio vendue 50 centimes contre 25 à 28 centimes habituellement). Cette personne m'a également parlé ratatouilles ! Pour faire baisser les prix des boîtes de conserve, les fabricants ont plus d'un tour dans leur sac : ils gavent le produit d'eau. Le pourcentage de flotte peut monter jusqu'à 50 %… Forcément, au moment de la verser dans l'assiette, les courgettes se battent en duel avec les aubergines.

Refusant de rentrer dans ce jeu de dupe, il semble que certaines collectivités tentent de faire de la **résistance**. Les audits réalisés par feu Philippe Durrèche montrent que 50 à 100 % des approvisionnements sont effectués hors marché, en toute illégalité. À le lire, la DGCCRF serait totalement désappointée et dépassée par la situation…

Avant de passer à la suite, terminons avec certaines pratiques parfois douteuses, assez proches de ce que l'on peut voir en DSP. Il ne faudrait surtout pas imaginer que la régie directe est, en soi, un modèle de vertu ! Coups de fil passés régulièrement aux collectivités pour maintenir le lien, système de promotion à certains moments clés de l'année (« *Si tu achètes mes yaourts, je fournis les chocolats pour les enfants à Noël* »), démarchage façon visiteurs médicaux… « *En cuisine scolaire, ce sont souvent des hommes qui préparent les repas et donc commandent les produits dont ils ont besoin. Le distributeur va donc leur envoyer de jolies petites nanas pour faire le point et renforcer les liens commerciaux* », raconte une nutritionniste en off. Les distributeurs ont également créé des outils très pratiques qui permettent aux cuisiniers de construire des **plans alimentaires équilibrés** et bien sûr conformes aux recommandations du GEM-RCN (*cf.* p. 161).

Davigel, par exemple, a conçu « CréaMenu », une solution élaborée par des nutritionnistes et des diététiciennes diplômées, labellisée PNA (Programme national pour l'alimentation).

CRÉAMENU*

SEMAINE 1					
	Lundi	Mardi	Mercredi	Jeudi	Vendredi
Entrée	Chou rouge assaisonné	Terrine printanière aux mousses de légumes	Tresse gourmande aux quatre fromages	Endives	Tartare de concombre façon tzatziki
Plat	Rôti longe de porc sans os sous filet	Filet de poisson blanc crumble	Émincé de dinde au basilic	Steak haché 15 % MG	Sauté de veau
Garniture	Courgettes en rondelles	Boulgour assaisonné	Poêlée maraîchère aux deux carottes	Poêlée de pommes de terre grenaille rôties au romarin	Légumes croquants saveur des Indes
Produit laitier	Cantal jeune	Camembert de Normandie au lait cru	Yaourt nature	Bûche de chèvre	Fromage blanc aromatisé ou aux fruits
Dessert	Beignet fourré framboise	Brunoise de fruits	Poire	Abricots au sirop	Tarte moelleuse au chocolat

* https://www.davigel.fr/nutrition/plan-alimentaire-menu-cantine-scolaire

Évidemment, chaque élément de ce repas – de l'entrée au dessert – renvoie à un produit distribué par Davigel (à l'exception des fruits, du yaourt et du fromage blanc).

Le chou rouge assaisonné du lundi arrive directement conditionné dans des barquettes de 2 kg. Le cuisinier n'a plus qu'à l'ouvrir et à en garnir l'assiette. Les courgettes arrivent déjà coupées en rondelles et cuites dans des sachets surgelés. Quand c'est aussi simple, pourquoi se décarcasser ?

Terminons avec la question du copinage et de la **corruption en régie directe**. Contrairement à ce que l'on pourrait croire, ces pratiques désolantes ne sont pas l'apanage de la DSP.

> « En régie directe, le chef de production peut potentiellement faire ce qu'il veut. À partir du moment où il négocie seul, il peut se débrouiller pour toucher des marges arrière ou bénéficier de petits avantages : caisses de champagne, formations déguisées… Personne n'est en mesure de vérifier que, sur les 3 tonnes de pommes de terre commandées, il n'y a pas quelques kilos pour son méchoui ou le baptême du petit. Selon les collectivités, les marchés peuvent être énormes. Parfois, la pression peut aussi venir du supérieur. C'est lui qui exige de travailler avec tel et tel fournisseur. Pourquoi ? Sans doute car il y trouve son intérêt », avertit Jean-Pierre Wernert, dirigeant-fondateur du cabinet de conseil JPW Consult.

De là à dire que la corruption est généralisée dans ce mode de gestion, il y a un pas que ce consultant refuse cependant de faire. « *La corruption n'est pas généralisée. Et, globalement, la situation s'est beaucoup assainie* », rassure-t-il.

LES PRODUITS ULTRATRANSFORMÉS

Si vous vous interrogez sur les produits ultratransformés, je vous invite à vous procurer au plus vite l'ouvrage essentiel du chercheur en nutrition préventive Anthony Fardet : *Halte aux produits ultra-transformés ! Mangeons vrai* (Thierry Souccar Éditions). Parfois, ils sont évidents à debusquer. D'autres fois, c'est plus subtil ou disons que ça dépasse l'entendement ! À la lecture de son livre, j'ai par exemple découvert que la « farine complète » des pains de mie vendus en supermarché n'était pas fabriquée à partir de farine complète. Eh non, ce serait trop simple ! « *L'industriel prend de la farine blanche à laquelle il ajoute du son et un peu de gluten* », et le tour est joué… Pourquoi est-ce un problème, puisque l'aliment est finalement enrichi en fibres ? « *Parce que les fibres naturelles possèdent de meilleures propriétés que les fibres purifiées ajoutées* », répond Anthony Fardet.

DÉFINITION ET CLASSIFICATION DES PRODUITS

Commençons par le commencement : qu'est-ce qu'un produit ultratransformé ? « *Ce sont des aliments qui contiennent une longue liste d'ingrédients et/ou d'additifs, généralement plus de cinq, certains ayant des fonctions redondantes* », illustre le chercheur en nutrition.

La nutritionniste Valérie Jacquier ajoute :

> « Plus la liste des ingrédients est longue et plus la valeur nutritionnelle décroît, sauf si bien sûr on cuisine un cake, car ce plat exige par nature beaucoup d'ingrédients. Hormis quelques exceptions, il faut regarder les noms indiqués sur l'étiquette : si vous n'en reconnaissez pas la moitié, il est suspect ! Idem si la liste d'ingrédients commence par "sucre". La présence de sucre en premier indique d'emblée que le produit est de mauvaise qualité nutritionnelle, a fortiori quand il est intégré dans un plat salé ! »

Poursuivons. Si vous voyez sur l'étiquette les mots « *huiles hydrogénées* », « *gluten* », « *protéines hydrolysées* », « *isolats de protéines de soja* », « *maltodextrine* », « *sucre inverti* » (mélange équimolaire de glucose et de fructose obtenu par hydrolyse du saccharose), « *lécithine de soja* », « *amidon de riz* », « *sirop de glucose* »... vous êtes en train d'en traquer un.

Un aliment ultratransformé est un « *produit artificiel fabriqué par l'homme à partir d'une recombinaison d'ingrédients : ces aliments ne sont donc pas fournis tels quels par la nature et leur "matrice" n'est plus naturelle* », résume Anthony Fardet. Ils sont conçus pour donner au produit une appétence à la fois visuelle (colorants) et gustative (sucre et extrait d'orge de malt). Leur emballage est généralement « *très attractif et très coloré. Enfin il n'est plus vraiment possible dans un aliment ultratransformé de reconnaître les aliments d'origine* », termine ce chercheur en nutrition préventive.

Bien que l'apparition de ces aliments date d'après la Seconde Guerre mondiale, avec une intensification dans les années 1980 (période où les industriels ont mis sur le marché des aliments à base de blé ultratransformé), ce concept est encore assez nouveau. Anthony Fardet remarque d'ailleurs qu'en France « *ni les épidémiologistes nutritionnels, ni les agences gouvernementales, ni les chercheurs en nutrition ne raisonnent en termes de degré de transformation des aliments* ». Le Brésil, si ! L'équipe de Carlos Montero distingue quatre groupes selon leur degré de transformation. La **classification** qu'ils ont opérée a été baptisée **NOVA**. Elle est à la base des principales recommandations du guide national brésilien pour l'alimentation et la nutrition.

LA CLASSIFICATION NOVA

Groupe 1 : aliments bruts ou peu transformés

Il s'agit des parties comestibles des végétaux (graines, fruits, feuilles, tiges, racines) ou des animaux (muscles, abats, œufs, lait), ainsi que les champignons, les algues, l'eau, mais aussi les mélanges de fruits secs et les fruits à coque sans sucre et miel ajoutés.

On notera qu'il est indiqué « peu transformés » et non pas « non transformés ». La nuance tient au fait que, si traitements il y a, ils ne modifient pas substantiellement les propriétés nutritionnelles et le mode de consommation des aliments d'origine. Ces traitements vont juste permettre de prolonger la durée de vie du produit, de le stocker ou plus simplement de diversifier la préparation ulterieure. Lorsque vous achetez une bavette, elle a été préalablement coupée pour vous éviter d'acheter l'intégralité du bœuf et de débiter la viande ensuite dans votre cuisine ! La pasteurisation du lait est un autre exemple de traitement.

Exemples de traitements entrant dans le groupe 1 : nettoyage, filtrage, tamisage, désossage, mise en filet, râpage, séchage, réfrigération,

→

refroidissement, pasteurisation, stérilisation, cuisson à l'eau bouillante, emballage sous vide ou en présence de gaz, maltage (ajout d'eau), fermentation...

Groupe 2 : ingrédients culinaires

Ce groupe concerne des substances extraites du groupe 1 à la suite de transformations physiques et chimiques, comme le pressage, le raffinage, la meunerie, le broyage et le séchage par pulvérisation, ou provenant directement de la nature comme le sel.

On l'aura compris, ces transformations visent à fabriquer des produits permettant de cuisiner (assaisonner, cuire...) des aliments du groupe 1. On trouve dans cette catégorie le sel, le sucre, la mélasse, le miel, les huiles végétales, le beurre, le lard, les amidons extraits du maïs et d'autres plantes.

Exemples de traitements entrant dans le groupe 2 : raffinage, broyage, pressage, mise en poudre, mouture, hydrolyse.

Groupe 3 : aliments transformés

Ce sont des aliments du groupe 1 auxquels on ajoute une substance culinaire du groupe 2 (sucre, sel, huile, vinaigre, additifs...), dans le but de les conserver plus longtemps ou de modifier/améliorer leurs qualités sensorielles. On trouve par exemple des fruits au sirop avec ajout d'antioxydants, des viandes salées et séchées avec ajout de conservateurs et toutes les boissons alcoolisées (cidre, vin, bière) produites par fermentation des aliments du groupe 1.

Exemples de traitements entrant dans le groupe 3 : cuisson autre qu'à l'eau bouillante, séchage, fumage, fermentation (alcools, pains et fromages), mise en conserve, en bouteille, en bocal avec de l'huile, du sucre, du sirop ou du sel, autres méthodes de conservation (salage, marinage, fumage, épiçage...).

Groupe 4 : aliments ultratransformés

C'est le groupe des formulations industrielles ! On y trouve des préparations réalisées avec au minimum cinq ingrédients.

Ces ingrédients se retrouvent dans les aliments du groupe 3 (sucre, sel, huiles, matières grasses, antioxydants, stabilisants et conservateurs), mais pas seulement. On trouve également des ingrédients inconnus des étagères de nos cuisines, comme le lactose, la caséine, le lactosérum, le gluten... ainsi que des additifs imitant les qualités sensorielles des aliments du groupe 1.. Ou, au contraire, masquant les qualités sensorielles indésirables des produits finaux (colorants, arômes, flaveurs, édulcorants, émulsifiants, agents humectants...).

Les aliments ultratransformés sont la résultante de procédés industriels très performants (extrusion, moulage, prétraitement pour la friture) ; ils aboutissent à des produits prêts à l'emploi ou qui ont juste besoin d'être chauffés.

Anthony Fardet précise qu'ils sont conditionnés dans des emballages sophistiqués et attrayants, qu'ils véhiculent des allégations de santé, qu'ils sont très rentables économiquement car ils sont peu chers à produire et qu'ils portent la marque d'une compagnie transnationale (Nestlé, Danone...).

NB : Les produits du groupe 3 qui contiennent des agents cosmétiques ou qui intensifient les propriétés sensorielles (yaourt nature avec édulcorants, pain avec ajout d'émulsifiants...) et les boissons alcooliques suivies d'une distillation (whisky, gin, rhum, vodka...) appartiennent au groupe 4.

Exemples de traitements entrant dans le groupe 4 : recombinaison, reconstitution et formulation à partir d'ingrédients, essentiellement du groupe 2, ajout de stabilisants, de conservateurs, d'eau ou d'air pour augmenter le volume, de micronutriments, hydrolyse, mise en forme...

PRODUITS ULTRATRANSFORMÉS ET SANTÉ

Selon Anthony Fardet, les aliments du groupe 4 sont **pauvres en micronutriments** protecteurs (dont les vitamines) et **riches en calories** (provenant notamment des sucres et de matières grasses ajoutées).

En outre, étant souvent très mous (car déconstruits), ils rassasient moins. Pourquoi ? Parce que, pour stimuler l'hormone de satiété, il faut mastiquer. Faute d'être repu, on multiplie donc les pauses grignotage ! Cerise (chimique) sur le gâteau, ces produits font monter la glycémie, augmentent le risque de côlon irritable[59], d'**obésité**[60], d'hypertension[61], et à terme le **diabète** et les **maladies chroniques**[62]. Ils favoriseraient aussi le cancer (et notamment le cancer du sein).

La liste des méfaits des produits ultratransformés ne s'arrête pas là. Reprenons l'exemple « estomaquant » du pain de mie complet industriel : plutôt que de mettre de la vraie farine complète, autrement dit des fibres naturelles, le fabricant va ajouter des **fibres purifiées**. Les conséquences sont loin d'être anodines pour la santé : parce qu'elles sont purifiées, ces fibres ne permettent pas la libération d'antioxydants ; or, nous avons besoin d'**antioxydants** pour détruire les radicaux libres produits par la flore bactérienne. À défaut, ils stagnent dans les intestins et peuvent endommager les

59. « Association between Ultra-Processed Food Consumption and Functional Gastrointestinal Disorders: Results from the French NutriNet-Santé Cohort », *The American Journal of Gastroenterology*, 2018.
60. « Ultraprocessed Food Consumption and Risk of Overweight and Obesity: The University of Navarra Follow-Up (SUN) Cohort Study », *The American Journal of Clinical Nutrition*, novembre 2016, 104(5), p. 1443-1440.
61. « Ultra-Processed Food Consumption and the Incidence of Hypertension in a Mediterranean Cohort: The Seguimiento Universidad de Navarra Project », *American Journal of Hypertension*, avril 2017, 30(4), p. 358-366.
62. « Consumption of Ultra-Processed Foods and Cancer Risk: Results from NutriNet-Santé Prospective Cohort », *British Medical Journal*, février 2018, 14 ; 360, p. 322.

cellules, voire provoquer le développement de cellules cancéreuses. « *Il n'y a donc rien d'étonnant à ce que des maladies d'industrialisation, comme le cancer colorectal, soient fortement associées à la consommation d'aliments ultratransformés et raffinés* », annonce ce chercheur. En attendant des études plus poussées, il conseille donc de limiter à deux le nombre de portions journalières d'aliments ultratransformés, soit environ 15 % des calories quotidiennes. En gros, ça donne un yaourt aux fruits le midi et un bonbon à quatre heures. Pas lourd, hein ?

QUAND LES PRODUITS DU GROUPE 4 ENVAHISSENT LES CANTINES

- Un cordon bleu origine France 125 g = 0,61 €/portion HT *versus* une escalope de dinde origine France 120 g = 0,90 €/portion.
- Un yaourt nature marque Danone : 0,20 €/pot *versus* une crème dessert faite avec une poudre type Alsa : 0,54 €/portion.

Pourquoi les produits ultratransformés envahissent-ils les cuisines ? « *Parce qu'ils reviennent moins cher que les plats maison réalisés avec des produits bruts* », répond simplement Marie-Line Huc, diététicienne-nutritionniste conseil.

Les produits transformés permettent également de mieux gérer les quantités, et donc de faire des économies. Parfois, il s'agit juste de quelques centimes, mais rapportés à des millions de repas, le montant total peut être énorme. « *Prenons l'exemple du bourguignon* », propose Marie-Line Huc. Lorsqu'il est acheté déjà préparé et conditionné en barquettes, le cuisinier va pouvoir commander la juste quantité en fonction du nombre de convives. Si, au contraire, il décide de le faire lui-même, la qualité du bœuf d'une part et la méthode de cuisson d'autre part vont influer sur le rendement final.

Enfin, les cuisines centrales qui ont essaimé un peu partout sur le territoire pour remplacer les cuisines intégrées ne sont pas équipées pour travailler les produits bruts et donc proposer du « fait maison ».

Les aliments ultratransformés ont-ils envahi toutes les cantines de France et de Navarre ? Je suis incapable de répondre à cette question ! En préambule de ce livre, j'ai pris soin de préciser que mon point de départ était la cuisine centrale du 18ᵉ et que cette unité de production constituait une planque idéale pour ces produits !

Sans les ériger en dogmes, il semble cependant exister quelques grands principes qui donnent la puce à l'oreille. Philippe Durrèche résume bien la situation :

> « De manière générale, on peut dire qu'on mange plutôt bien dans des petites cantines où les plats sont cuisinés sur place, et plutôt mal dans les très grandes collectivités où les plats déjà préparés avec des produits industriels sont livrés en barquettes en "liaison froide" entre chaque établissement. Aujourd'hui, les enfants des cantines scolaires, à part de très rares exceptions, ne mangent pas bien, ils avalent de la merde. C'est un peu grossier, mais c'est la réalité[63]. »

63. Interview publiée dans *Lyon Capitale* le 19 mars 2013 : https://www.lyoncapitale.fr/Actualite/Cantines-Les-industriels-respectent-les-normes-nutritionnelles-mais-en-trichant/

RECOMMANDATION DE LA CIRCULAIRE 2001-118 DU 25 JUIN 2001
sur la composition des repas servis en restauration scolaire

« Utiliser des produits basiques et simples, mais si l'on utilise des produits transformés, il convient d'être vigilant quant à leur composition, notamment en ce qui concerne leur apport protidique et lipidique. L'étiquetage de ces produits et notamment leur valeur nutritionnelle doivent être pris en compte en fonction des besoins identifiés précédemment. Une formation devra être mise en place pour les personnes responsables des achats. »

Pour savoir si votre enfant avale ou non « *de la merde* », c'est très simple ! Il suffit de demander :

- si les enseignants déjeunent à la cantine ;
- à **visiter la cuisine** (centrale ou intégrée) d'où sort chaque midi son plateau-repas. Vous en tirerez de grands enseignements. Ouvrez les yeux et regardez : comment l'espace a-t-il été conçu pour stocker ? Pour transformer ? Pour cuisiner ? Quels équipements existent ? Quels équipements manquent ? Le lieu est-il en capacité de préparer du « *fait maison* » digne de ce nom (une soupe fabriquée avec de vrais bons légumes et non à partir de légumes déjà coupés et surgelés que l'on va mélanger à de l'eau !), indépendamment de la qualité des produits ?
- les **fiches techniques** des repas qui vous interpellent. Vous serez vite fixé. Dans le 18e, c'est ce qui a mis le feu aux poudres avec les allumettes végétales bio (la fameuse pâtée Sheba qui ne dit pas « je t'aime » aux enfants) ;
- à participer aux **commissions Menu et Restauration**, mises en place dans la plupart des collectivités et en principe ouvertes aux parents. Ce sera l'occasion de poser toutes les questions qui vous passent par la tête.

FLORILÈGE D'ALIMENTS ULTRATRANSFORMÉS SERVIS AUX ENFANTS DU 18e

Allumettes fumées végétales bio surgelées : eau, huile de canola, amidon de blé, poudre de blanc d'œuf, concentré de tomate, épices (oignons, macis, poivre), sel, maltodextrine, sucre, poudre d'oignon, arôme naturel, poudre de poireau, huile de tournesol, épices, épaississant (gomme guar), extrait de levure.

Boulettes de volaille bio : viande de poulet (65 %), eau, peau de poulet (si si !), protéine de soja texturée, amidon de manioc, dextrose de maïs, fibres d'avoine, fécule de pomme de terre, sel, antioxydant, extrait de romarin.

Manchons de poulet : manchons de poulet origine France, eau, dextrose de blé, fécule de pomme de terre, sel, arôme naturel, gélifiant (carraghénanes).

Portion de colin d'Alaska meunière : enrobage 18 % huiles végétales (tournesol, colza), farine de blé, eau, fécule de pomme de terre, lactose et protéines de lait, sel, dextrose, arôme, amidon modifié de tapioca, épaississant (E461, E412, E415), poudres levantes (E450i, E500ii), colorants (carotène et extrait de curcuma et de paprika), œuf entier.

Chouquettes à la crème : crème (37 %), eau, œufs, sucre (9 %), farine de froment (gluten), sirop de sucre inverti, matières grasses végétales de palme, amidon modifié, lait en poudre, lactosérum en poudre, lactose, stabilisant (carraghénanes), sel, arômes naturels.

Quenelles de dinde : farine de blé, graisse de bœuf, eau, viande de dinde (13 % à la mise en œuvre), blanc d'œuf, gluten de blé, lactose et protéines de lait, extrait naturel de poivre.

Cocktail de fruits au sirop : poires, pêches, ananas, raisins, cerises avec colorant E127, eau, acidifiant (E330), antioxydant (E300).

NB : L'additif E127 serait à éviter au motif qu'il peut provoquer de graves allergies. Il est en outre suspect en termes de cancérogénicité et d'hyperactivité.

LE SUCRE

Sucre et index glycémique

C'est quoi, le sucre ? Commençons par un petit jeu ! Fermez les yeux et laissez-moi deviner : je parie que vous voyez une substance blanche comme la neige, en morceau ou en poudre ! J'ai gagné ? Vous avez à la fois raison et tort.

Pour comprendre ce qu'est le sucre, il faut d'abord se familiariser avec les **glucides** (également appelés « hydrates de carbone »). Les glucides constituent la première source d'énergie de l'organisme. Certains ont même un rôle dit de « constitution » : ils entrent dans la composition de tissus fondamentaux de l'organisme (cartilages, acides nucléiques, mucus, substances antigéniques). Ils forment une grande famille composée de **sucres simples** et de **sucres complexes**.

SUCRES SIMPLES

- Glucides composés d'une seule molécule (glucose, fructose, galactose). On les appelle les « monosaccharides ».
  ⇨ Lors de la digestion, ces sucres ne seront pas séparés en éléments plus petits avant d'être absorbés, puisqu'ils sont déjà tout petits (une seule molécule). Ils ne seront donc pas « hydrolysés », c'est-à-dire découpés».
- Glucides composés de deux molécules (lactose = glucose + galactose ; saccharose = glucose + fructose ; maltose = glucose + glucose). On les appelle les « disaccharides.
  ⇨ Lors de la digestion, ces sucres seront hydrolysés, c'est-à-dire qu'ils seront décomposés afin d'extraire les molécules plus simples qui les composent

→

On retrouve dans cette catégorie le sucre de table (saccharose), le sucre des fruits (fructose), le miel et le lait (galactose, lactose).

SUCRES COMPLEXES

Ils sont constitués de plusieurs molécules de glucides simples (polysaccharides) et sont transformés en glucose (plus petite molécule de sucre) au cours de la digestion. La digestion suppose donc une hydrolyse (découpage) plus poussée.

On retrouve dans cette catégorie le pain, les pâtes, le riz, les céréales, certains légumes frais ou encore les légumes secs.

Pendant longtemps, on a cru que les sucres simples étaient des sucres rapides et les sucres complexes des sucres lents. Erronée, cette distinction n'a pas totalement disparu. La confusion vient du fait que, pendant la digestion, nos enzymes digestives et nos bactéries intestinales découpent les molécules des aliments jusqu'à ce qu'il ne reste plus que des **nutriments assimilables** (glucose ou fructose ou galactose) qui passent ensuite dans le sang. On établissait donc l'équation suivante : sucre simple = assimilation rapide = glucose qui passe rapidement dans le sang = sucre rapide. A contrario : sucre complexe = assimilation lente = glucose qui passe lentement dans le sang = sucre lent.

Le glucose peut être métabolisé par toutes les cellules du corps. Une fois dans le sang, il va :

- fournir de l'énergie aux cellules qui en ont besoin tout de suite (si, par exemple vous êtes en train de courir);
- être stocké dans le foie et les muscles en prévision d'un effort futur sous forme de glycogène (en petite quantité);

- être stocké pour l'essentiel dans les cellules graisseuses (adipocytes) du fait de notre alimentation moderne.

Le fructose est metabolisé par le foie avant de rejoindre la circulation sanguine sous forme d'un dérivé de glucose.

NB : Le métabolisme est un processus de transformation.

Logique mais hâtif, ce syllogisme ne tenait absolument pas compte d'un élément fondamental : l'**index glycémique** (IG). Ce dernier mesure la variation du taux de sucre (glucose) dans le sang à la suite de l'ingestion d'un aliment glucidique. En clair, lorsque l'on consomme un aliment à IG élevé, la glycémie monte en flèche, puis redescend tout aussi vite, ce qui provoque le fameux « coup de barre » (hypoglycémie réactionnelle).

MODIFICATION PROFONDE DE NOTRE MODE DE PRODUCTION ALIMENTAIRE

Ce qui est vrai dans la nature ne l'est plus après transformation. Les farines vendues dans le commerce sont désormais des sucres complexes qui élèvent rapidement la glycémie, alors que ce n'était pas le cas avant la fin des années 1970.

La raison ? Leur amidon est découpé, chauffé à haute température, dépourvu de ses fibres… bref, raffiné (*cf.* encadré p. 129). Résultat, leur index glycémique est beaucoup plus élevé qu'il ne l'était auparavant.

En outre, la consommation de glucides engendre une production d'**insuline**, hormone protéique sécrétée par le pancréas. Elle a deux fonctions :

- la plus connue : faire entrer du glucose dans les cellules (toutes les cellules, y compris graisseuses) et par là même réguler la glycémie ;
- la moins connue : inhiber la lipolyse et stimuler la lipogenèse. Bref, faire grossir !

Consommer des aliments à index glycémique élevé entraîne des pics d'insuline répétés. L'insuline favorisant le **stockage des graisses**, ses pics vont contribuer à la prise de poids. En outre, la répétition des décharges d'insuline favorise les mécanismes de l'inflammation et développe l'insulinorésistance, faisant le lit de **maladies chroniques** et du **diabète de type 2**.

En étudiant l'index glycémique[64] des aliments, on se rend compte que certains sucres complexes ont des indices glycémiques très élevés et certains sucres simples des indices glycémiques faibles.

- **Les aliments à index glycémique (IG) élevé (> 65) :** c'est là qu'on retrouve notre fameux morceau de sucre blanc (loin d'être le champion, le saccharose a un IG inférieur à la farine de blé moderne !), et plus globalement les farines raffinées, les pâtisseries, les confiseries, la confiture, les jus et sodas, mais aussi la plupart des riz, les pommes de terre, et bien sûr tous les aliments ultratransformés (riches en sucres ajoutés, additifs, farines raffinées...).

64. Pour trouver l'index glycémique d'un aliment, je vous invite à consulter le tableau du Dr Montignac : http://www.montignac.com/fr/rechercher-l-index-glycemique-d-un-aliment/#tab_

- **Les aliments à index glycémique (IG) lent ou modéré (< 65) :** on y trouve les fruits, les légumineuses, le riz sauvage, basmati et brun, le pain à la farine intégrale… Mais aussi les tomates, l'ail, la salade, les champignons… Cette catégorie est, comme on peut le constater, très hétérogène. Inutile donc de préciser que l'IG de la salade est bien inférieur à celui des pâtes blanches !

Attention, le **mode de cuisson** joue sur l'index glycémique : des pâtes *al dente* auront un IG plus faible que des pâtes très (trop) cuites, car la cuisson prédétruit les amidons (effet de prédigestion). Comme le travail de digestion est mâché, la glycémie monte plus vite. CQFD. Le **mode de préparation** n'est pas neutre non plus : le broyage d'un aliment pour le transformer en purée entraîne le découpage des fibres et accélère donc la vitesse de passage du sucre dans le sang. Une purée aura donc un IG plus élevé que des pommes de terre cuites à l'eau.

NON, LE PAIN BLANC N'EST PAS UN « SUCRE LENT »

Le pain de mie et la baguette ont des index glycémiques élevés et doivent être considérés comme des rapides, car :

- ils sont très pauvres en fibres : les fibres attachent les molécules de glucose et retardent leur absorption ;
- ils ont une texture aérée facile à attaquer par les enzymes digestifs : cela permet une digestion rapide et un passage accéléré du glucose dans le sang ;
- leurs glucides contribuent à nourrir les micro-organismes de la flore qui favorisent la vidange gastrique, permettant au contenu de l'estomac d'être plus vite transféré dans l'intestin, où a lieu l'absorption du glucose.

Source : Dr Jean-Paul Curtay, *Les Dossiers de Santé & Nutrition*, n° 66, mars 2017.

Pourquoi les fruits qui contiennent du fructose, autrement dit des sucres simples, ont-ils un IG faible ? Parce qu'ils contiennent peu de glucides pour un très fort pouvoir sucrant (une pomme, c'est 10 g de sucre pour 100 g), des fibres qui contribuent à ralentir le passage du glucose dans le sang, et du fructose métabolisé par le foie avant d'être acheminé dans la circulation sanguine sous forme d'un dérivé de glucose. Ils sont en outre riches en vitamines, en minéraux et en enzymes qui les rendent primordiaux pour la santé. Mais attention, ce qui est vrai pour les fruits entiers (IG faible) ne l'est pas pour les jus de fruits, qui n'ont plus de fibres (IG plus élevé). Les jus de fruits sont un concentré de fructose qui submerge le foie et génère les fameuses « maladies du soda » (stéatohépatite non alcoolique ou NASH en anglais).

A contrario, pourquoi les céréales raffinées (pâtes blanches, par exemple), qui sont des sucres complexes, ont-elles un IG élevé ? Parce qu'elles ont justement été amputées de leurs fibres ! Les céréales complètes et semi-complètes sont donc plus intéressantes sur le plan nutritionnel, car elles ont encore totalement ou en partie leurs fibres.

En 2013, l'EFSA (Autorité européenne de sécurité des aliments) a accepté que le fructose soit considéré comme un édulcorant de table au motif qu'il a un faible IG. Cette décision consterne le Pr Robert Lustig, pédiatre endocrinologue à l'université de Californie (UCSF) et spécialiste de la question du sucre. La raison : le fructose n'entraîne pas une augmentation du taux de glucose dans le sang, mais du fructose, ce qui serait sept fois pire ! Conclusion : réfléchissez donc à deux fois avant d'acheter votre fructose de table...

UN PRODUIT RAFFINÉ, C'EST QUOI ?

Un produit raffiné est un produit qui a subi une technique de raffinage. Le raffinage consiste à ôter les minéraux, les vitamines et les fibres du produit, c'est-à-dire tout ce qui le rend « vivant ». Les calories qui restent sont donc dites « vides », sans aucun intérêt sur le plan nutritionnel. Elles présentent en revanche un intérêt majeur pour les industriels ! En effet, les produits raffinés se conservent longtemps et n'ont pas de goût ni d'odeur trop prononcés. À ce titre, ils s'utilisent facilement dans les préparations industrielles, quitte à ajouter ensuite des exhausteurs de goût et des arômes artificiels (avec les conséquences que l'on connaît sur la santé).

Ces explications étant données, revenons-en aux produits ultratransformés !

Parce qu'ils sont bourrés de farines raffinées, d'amidons divers et variés, de maltodextrine et de sucres simples, les produits ultra-transformés ont des index glycémiques qui s'envolent…

50 shades of… sugar !

Le sucre et ses dérivés ne s'appellent pas toujours « sucres », ce serait bien trop simple ! Ils se cachent sous une cinquantaine de petits noms (56 a priori) dont les industriels sont friands pour mieux les escamoter.

Commençons par les plus faciles : le sucre, bien sûr (sucre semoule, sucre glace, sucre roux, sucre brun…), mais aussi le sucre de canne, le sucre de betterave, le sucre inverti, la cassonade et le caramel.

Le sucre se nomme aussi :

- sirops (d'agave, d'amidon, de canne à sucre évaporé, de caroube, de datte, d'érable, de glucose, de fructose, de glucose-fructose, de froment, de maïs, de maïs à haute teneur en fructose, de malt, de riz, de sorgho…) ;
- canne à sucre (canne à sucre, jus de canne à sucre, jus de canne évaporé, sucre de canne, sucanat – qui n'est autre que du sucre de canne complet…) ;
- et bien sûr sucres naturels (sirop ou nectar d'agave, sirop d'érable ou encore miel).

Après, il faut avoir en tête que le **suffixe « -ose »** dissimile lui aussi du sucre ! Dextrose (autre nom du glucose), glucose, fructose, galactose, lactose, maltose, saccharose, xylose…

Le site docteurbonnebouffe.com complète cette liste[65] avec ceux qu'il appelle « les petits malins », à savoir : l'amidon, l'amidon modifié, l'amidon génétiquement modifié, la dextrine, la dextrane, l'extrait de malt d'orge, la maltodextrine, le malt diastasique, la mélasse…

SIROP DE GLUCOSE-FRUCTOSE : POURQUOI ON EN RETROUVE PARTOUT ?

Fabriqué à partir d'amidon (souvent de maïs – très massivement cultivé aux États-Unis depuis les années 1980, époque à laquelle Coca-Cola et compagnie ont décidé d'en mettre dans leurs sodas), le sirop de glucose-fructose possède une haute teneur en fructose, ce qui lui confère un pouvoir sucrant plus élevé et des propriétés d'exhausteur de goût pour un coût inférieur à celui du sucre blanc (saccharose). Petit à petit, il a remplacé le sucre dans de nombreux aliments. Il est largement utilisé par les industriels du fait de son coût très faible.

65. https://docteurbonnebouffe.com/sucre-differents-noms-scientifiques/

Recommandations

L'OMS préconise de ramener l'apport en **sucres libres**[66] à moins de 10 % de la ration énergétique totale chez l'adulte et l'enfant (ce qui correspond à un maximum de 12 cuillères à café). « *Il serait encore meilleur pour la santé de réduire l'apport en sucres à moins de 5 % de la ration énergétique totale, soit à 25 g (6 cuillères à café) environ par jour* », précise-t-elle dans un communiqué du 4 mars 2015[67].

6 cuillères à café. Un chiffre qui peut paraître conséquent pour celui qui ne sucre pas son café, qui ne fait que saupoudrer son yaourt nature d'une main légère et qui n'avale pas des jus de fruits à longueur de journée. Pourtant, les Européens en consomment 17 par jour et les Américains 19.

> « La plupart des sucres consommés aujourd'hui sont "dissimulés" dans des aliments transformés qui ne sont généralement pas considérés comme sucrés. Par exemple, une cuillère à soupe de ketchup contient environ 4 g (à peu près 1 cuillère à café) de sucres libres et une canette de soda en contient jusqu'à 40 g (environ 10 cuillères à café) », rappelle l'OMS.

De quoi cracher sa Valda… !

---

66. Il s'agit des sucres simples et complexes ajoutés aux aliments et aux boissons par les fabricants, les cuisiniers ou les consommateurs, ainsi que les sucres naturellement présents dans le miel, les sirops, les jus de fruits et les jus de fruits à base de concentré (source OMS : http://www.who.int/mediacentre/news/releases/2015/sugar-guideline/fr/).
67. http://www.who.int/mediacentre/news/releases/2015/sugar-guideline/fr/

Une étude[68] menée par l'INRA, Danone Nutricia Research, MS-Nutrition, l'Inserm et Aix-Marseille Université a permis d'analyser les données issues de l'enquête nationale de consommation alimentaire INCA concernant spécifiquement la consommation de sucres libres en France. Il en est ressorti que les principales sources de sucres libres sont :

- les produits sucrés (61 à 68 % des apports en sucres libres via, par ordre décroissant d'importance : gâteaux et pâtisseries, sucre, miel, confiture, pâte à tartiner, confiseries, chocolat, biscuits, desserts laitiers et entremets, viennoiseries) ;
- les boissons (15 à 27 % des sucres libres via les sodas et jus de fruits) ;
- et, dans une moindre mesure, les produits laitiers (6 à 7 % des sucres libres via les yaourts sucrés/aromatisés/aux fruits et laits aromatisés).

Des « sucres libres » dans les plats salés

Maintenant que les « petits noms » du sucre n'ont plus de secret pour vous, allez vous promener dans les rayons de votre supermarché et louchez sur les étiquettes des aliments salés. Vous serez surpris de voir la présence de maltodextrine, amidon modifié, glucose, sirop de glucose-fructose… – autrement dit, de sucres libres ajoutés – dans la composition d'une grande majorité de produits. Le documentaire *Sucre, le doux mensonge* de Michèle Hozer avance le chiffre – colossal – de 74 % ! On y apprend notamment qu'entre 1982 et 2012, soit une fourchette de trente ans, la consommation d'aliments transformés et sucrés a doublé ! Un non-sens selon la diététicienne-nutritionniste Valérie Jacquier :

68. http://presse.inra.fr/Communiques-de-presse/sucres-libres

« On ne devrait pas trouver un gramme de sucre ajouté dans les préparations salées. Les industriels s'en servent abusivement et quasi systématiquement pour corriger l'acidité, créer de la texture, compenser la baisse du gras… et surtout séduire le consommateur, sensible et très vite accro au sucre. »

Les pathologies du sucre

Quel est l'**impact du sucre ajouté sur notre organisme** ? Jean-Marc Schwartz, chercheur à l'université Touro (Californie), explique dans le documentaire de Michèle Hozer que le corps ne traite pas le glucose et le fructose de la même manière. Le **glucose** est une source d'énergie qui peut être métabolisée par tous les organes du corps, y compris le cerveau. Le **fructose**, en revanche, est métabolisé presque exclusivement par le foie. Et ce spécialiste d'expliquer que, lorsqu'on boit un soda, le foie est envahi de fructose ; c'est l'« effet tsunami ». Submergé, cet organe se met alors à trembler et à transformer le sucre en graisse. Cette conversion peut augmenter le risque de stéatose hépatique (accumulation de graisse dans les cellules du foie, également appelée « maladie du soda » ou NASH), de diabète et de maladies cardiaques. Selon lui, l'industrie reprend le système bien connu du gavage des oies avec du sucre ou des glucides pour obtenir du foie gras, qu'elle applique cette fois aux humains ! Mais contrairement aux anatidés (famille à laquelle appartiennent les oies), l'humain paie pour se faire gaver, car le sucre agit comme une **drogue** qui active tous les circuits de récompense.

SUCRE : « LE DILEMME DE L'OMNIVORE »

Selon le Pr Robert Lustig, spécialiste du sujet et auteur de *La vérité sur le sucre*, le sucre constituerait le « dilemme de l'omnivore ».

La plupart des produits que nous consommons contiennent du fructose (les jus de fruits, les sodas, mais aussi beaucoup de produits industriels via le saccharose, le sirop de maïs ou de glucose-fructose...).

Le fructose est très souvent voire quasi systématiquement associé au glucose.

Le glucose est métabolisé par tous les organes (y compris le cerveau), alors que le fructose est métabolisé par le foie sous forme de graisse. Le sucre n'est donc pas seulement un glucide, c'est aussi un lipide. Conclusion : lorsque l'on mange du sucre, les deux systèmes métaboliques sont obligés de travailler sans relâche, d'où la référence au « dilemme »...

Dans ce même documentaire, le Pr Robert Lustig, qui qualifie clairement le sucre de « *calories toxiques* », explique que « *des études européennes montrent qu'en consommant un soda par jour, le risque de diabète augmente de 29 %, indépendamment des calories, du poids et de tous les autres produits qu'on consomme* ». Son confrère Yoni Freedhoff, professeur adjoint de médecine familiale à l'université d'Ottawa et directeur médical de l'Institut de médecine bariatrique, corrobore cette information :

> « Les maladies liées au surpoids et à l'alimentation pèsent lourd sur les services médicaux, et je suis sûr que ce système va s'effondrer. En aucun cas nous ne pourrons maintenir la qualité de nos services médicaux avec la charge croissante de ces pathologies. Je pense notamment au diabète de type 2 dont le coût est d'ores et déjà ahurissant, et ce

> n'est que la partie visible de l'iceberg. […] Nous vivons dans un environnement qui nous pousse à consommer des calories et du sucre. On sait que la hausse du taux d'obésité infantile va de pair avec la hausse d'autres maladies chroniques. On commence à voir des enfants de moins de 10 ans atteints de diabète de type 2 ou des adolescents souffrant de maladies cardiaques ainsi qu'une explosion des cas de stéatose hépatique. Ces patients ont très peu de chances d'arriver à 70 ans. »

Réjouissant, n'est-ce pas ?

Le chercheur Anthony Fardet alerte quant à lui sur le **packaging** des produits sucrés destinés aux enfants. Quel parent n'a pas dû céder devant une boîte de céréales à l'effigie de la Reine des neiges (alors que ces boîtes n'ont de « céréales » que le nom) ? Regardez la liste des ingrédients : ce sont des concentrés de sucres à l'index glycémique hyperélevé qui ne rassasient pas les enfants. Les petits arrivent donc la faim au ventre à la cantine, où ils retrouvent des aliments ultratransformés. Et pour reprendre les propos volontairement cyniques d'Antoine, l'un des papas du collectif, que penser de la stratégie marketing des supermarchés qui consiste à mettre « *de la mort aux rats* », autrement dit des bonbons, juste devant les caisses ? À force de mettre du sucre partout, « *vous finissez par vous attendre à manger toujours sucré* », alerte Michael Moss, prix Pulitzer pour ses enquêtes sur le monde de l'agroalimentaire et auteur notamment de *Sucre, sel et matières grasses, comment les industriels nous rendent accros*. Cette habitude devient vite problématique chez les enfants quand il s'agit ensuite de leur faire manger un plat de courgettes ou, pire, d'épinards…

LA QUALITÉ DANS L'ASSIETTE

Après avoir fait le tour de la malbouffe, tournons-nous vers la qualité !

L'AGRICULTURE BIOLOGIQUE

À l'heure où j'écris ces lignes, nos parlementaires étudient le « projet de loi pour l'équilibre des relations commerciales dans le secteur agricole et alimentaire et une alimentation saine et durable », plus connu sous l'acronyme EGalim (pour États généraux de l'alimentation). Ce texte est la traduction de la promesse de campagne de Macron, qui voulait que les cantines scolaires servent 50 % de « *produits biologiques, écologiques ou issus de circuits courts* ». Quel qu'en soit le contenu final, on s'achemine vers un décret en Conseil d'État chargé de préciser le **pourcentage des aliments bio**…

Bio, santé et environnement

En 2003, l'ONU et la FAO ont montré dans un rapport que « *le passage à une alimentation comportant davantage de denrées alimentaires raffinées, d'aliments d'origine animale et de graisses joue un rôle majeur dans l'épidémie actuelle d'obésité, de diabète et de maladies cardiovasculaires, entre autres affections non transmissibles*[69] ». Pour endiguer ce phénomène, les deux organisations suggéraient donc de passer à un régime pauvre en graisses saturées, en sel et en sucre (en clair, pas de produits ultratransformés !), mais comportant beaucoup de fruits et légumes. Quinze ans plus tard, les rédacteurs de ce document auraient-ils adjoint la mention « *d'origine biologique* » ? On peut légitimement se poser la question, car quels bienfaits des fruits et légumes bourrés de pesticides peuvent-ils nous apporter ? Qui peut encore croire à l'innocuité des **produits phytosanitaires** bombardés sur les champs de culture traditionnels, surtout après l'émission grand public *Cash Investigation*, « Produits chimiques : nos enfants en danger[70] », diffusée le 2 février 2016 sur France 2. Trois ans plus tôt (juin 2013), l'Inserm avait déjà publié une synthèse d'études basées sur trente ans de travaux épidémiologiques et toxicologiques menés sur une population professionnelle[71]. Deux grands enseignements en étaient ressortis :

> « Il semble exister une association positive entre exposition professionnelle à des pesticides et certaines pathologies chez l'adulte : la maladie de Parkinson, le cancer de la

69. *Diet, Nutrition and the Prevention of Chronic Diseases*, report of a joint WHO/FAO consultation, 2003.
70. https://www.francetvinfo.fr/replay-magazine/france-2/cash-investigation/cash-investigation-du-mardi-2-fevrier-2016_1286821.html
71. https://www.inserm.fr/information-en-sante/expertises-collectives/pesticides-effets-sur-sante

> prostate et certains cancers hématopoïétiques (lymphome non hodgkinien, myélomes multiples).
>
> Par ailleurs, les expositions aux pesticides intervenant au cours de la période prénatale et périnatale ainsi que la petite enfance semblent particulièrement à risque pour le développement de l'enfant. »

La même année (2013), l'InVS (Institut de veille sanitaire) a publié un rapport intitulé *Exposition de la population française aux substances chimiques de l'environnement*[72].

Ses conclusions ont montré que la population française est largement imprégnée (à 90 %) par les organophosphorés (famille de pesticides pour la plupart désormais interdits mais persistants dans l'environnement et l'organisme) et les pyréthrinoïdes (utilisés pour leur action insecticide).

> « Les personnes le sont sans aucun doute à des taux faibles, mais ces chiffres nous inquiètent beaucoup car, parmi ces pesticides, certains sont des perturbateurs endocriniens. Et le risque ne dépend donc pas de la dose, mais de la période à laquelle on se retrouve imprégné », soulignait le Dr Pierre-Michel Périnaud, président de l'association Alerte des médecins sur les pesticides, contacté par Francetv info[73].

72. http://invs.santepubliquefrance.fr/publications/2011/exposition_polluants_enns/index.html
73. https://www.francetvinfo.fr/monde/environnement/pesticides/quels-sont-les-risques-des-pesticides-pour-notre-sante_1289623.html

Selon lui, la **grossesse** et l'**enfance** (jusqu'à la fin de la puberté) sont donc des moments de grande vigilance.

Même si la prise de conscience augmente, le bio fait encore trop souvent l'objet, au mieux de scepticisme, au pire de suspicion. Pourtant, comme le rappelle la nutritionniste Valérie Jacquier, c'est la seule agriculture réellement encadrée par un **cahier des charges strict** et contraignant et dont l'**impact bénéfique** sur la santé est scientifiquement démontré.

En effet, en novembre 2016, l'Institut technologique de l'agriculture biologique (ITAB) a rendu un rapport dont l'objectif consistait à prouver les effets positifs et à long terme de l'agriculture biologique (économie, santé, environnement, biodiversité, préservation des sols, pollinisation, création d'emplois...). Commandée par le ministère de l'Agriculture en 2015 et réalisée en partenariat avec des chercheurs de l'INRA (Institut national de recherche agronomique), cette synthèse s'est appuyée sur 280 études scientifiques. Sans surprise, les impacts de l'agriculture biologique sont positifs dans les trois « externalités », à savoir l'**environnement**, la **santé humaine** et les **performances sociales**. Seuls les rendements sont en majorité plus faibles que dans l'agriculture conventionnelle.

AGRICULTURE BIOLOGIQUE

Mode de production qui exclut l'usage des OGM et qui limite le recours aux intrants, en privilégiant l'emploi de ressources naturelles et renouvelables dans le cadre de systèmes agricoles organisés à l'échelle locale, et en restreignant strictement l'utilisation de produits chimiques de synthèse*.

L'agriculture biologique garantit, durant la phase de transformation du produit, l'absence de matières grasses hydrogénées, de polyphosphates additifs, d'édulcorants de type chimique comme l'aspartame… Les additifs autorisés sont en outre limités (une cinquantaine contre 400 en agriculture conventionnelle).

* Source : INAO (Institut national de l'origine et de la qualité) https://www.inao.gouv.fr/Les-signes-officiels-de-la-qualite-et-de-l-origine-SIQO/Agriculture-Biologique

En France (2015) :

- Plus de 28 000 exploitations agricoles bio
- 1 375 000 ha (soit 5,1 % du territoire agricole français)
- 9 764 opérateurs certifiés pour la transformation de produits biologiques, et 3 605 pour la distribution
- Plus de 42 000 opérateurs bio (producteurs, transformateurs, distributeurs et importateurs)

Marché de l'alimentation bio en France (2015) :

- 5,76 milliards d'euros en 2015, soit une progression de 14,7 % par rapport à 2014
- 225 millions d'euros d'achats de produits bio par le secteur de la restauration collective

Dans l'Union européenne (2015) :

- 11,1 millions d'hectares en production biologique, soit près de 6,2 % de la Surface agricole utile (SAU) totale
- Près de 270 000 exploitations, soit une augmentation de 5,4 % par rapport à 2014

Sources : agence Bio et Commission européenne

Les contrôles en bio (2016) :

- 72 460 contrôles réalisés (dont 46 573 au titre du contrôle annuel obligatoire)
- 5 190 sanctions allant du déclassement de produits jusqu'au retrait de l'habilitation de l'opérateur

→

- 6,3 % des opérateurs ont fait l'objet d'un prélèvement pour analyse

Source : INAO (Institut national de l'origine et de la qualité)

https://www.inao.gouv.fr/Les-signes-officiels-de-la-qualite-et-de-l-origine-SIQO/Agriculture-Biologique

En 2017, en France, le bio plafonne à 2,9 % des achats de la restauration collective.

Source : rapport 2017 de l'Observatoire de la restauration collective bio et durable

Il y a bio et bio !

Le matin, quand vous déposez vos enfants à l'école, vous jetez certainement un œil sur le menu de la cantine. Si vous êtes sensible au bio, vous vous réjouissez sûrement quand vous découvrez un petit macaron AB à côté de l'énoncé du repas. « *Aujourd'hui, il va bien manger* », pensez-vous avant de partir au travail. Ce n'est pas si simple.

Oui, clairement, les jours où Junior mange bio, il avalera moins de saloperies. Mais comme le fait remarquer Valérie Jacquier, pourtant « défenseuse » de l'agriculture biologique : « *Manger bio ne veut pas dire manger équilibré. Une pizza bio le midi, des biscuits bio à l'heure du goûter et des pâtes bio le soir ne permettent pas de fournir la diversité alimentaire nécessaire à une bonne nutrition.* » En clair, bio ne veut pas forcément dire go !

Ensuite, bio ne signifie pas « sans sucre », pas plus qu'il ne garantit la présence de vitamines et d'antioxydants naturels. Pour répondre à la demande exponentielle des consommateurs, les industriels n'ont pas attendu qu'on les invite à table. Ils proposent aujourd'hui des gammes de produits transformés et ultratransformés « AB ». « *Si vous achetez des aliments bio ultratransformés, vous perdez assurément le bénéfice du bio* », alerte le chercheur Anthony Fardet (idem si vous les conditionnez dans des barquettes en plastique qui dégagent des perturbateurs endocriniens dans la nourriture…). « *Offrir des tortellinis bio aux gamins n'a aucun sens,* enfonce Stéphane Veyrat, le directeur du réseau national Un plus bio. *C'est précisément là que nous devons amener les collectivités à progresser : elles doivent comprendre qu'il faut garnir les assiettes avec du "fait maison". En cas de DSP, c'est à elles d'imposer à leur prestataire de se mettre aux fourneaux.* »

Persuadée que son salut réside dans le bio, la filière œuf n'attend pas qu'on vienne lui prêcher la bonne parole. Les éleveurs cherchent par tous les moyens à se convertir au bio. À leur décharge, la demande d'œufs issus de l'agriculture biologique explose, et les œufs de poules élevées en cage seront bientôt *personae non grata* dans les rayons de certains supermarchés. Sauve qui poule ! Mais ce qui pourrait apparaître comme une bonne nouvelle pour le consommateur n'en est pas forcément une, si l'on en croit Stéphanie Pageot, présidente de la Fédération nationale d'agriculture biologique (FNAB).

« *L'industrie agroalimentaire essaie d'installer des élevages bio comme elle le faisait en conventionnel,* commente-t-elle. *Le risque, c'est de retomber dans les travers de ce système et d'aboutir à une perte d'autonomie des fermes, qui vont se retrouver totalement dépendantes des fabricants d'aliments* »

→

Et cette éleveuse laitière installée en Loire-Atlantique d'expliquer que le cahier des charges de l'agriculture biologique incite les éleveurs à cultiver *in situ* un certain pourcentage de céréales destinées à l'alimentation de leurs animaux. Jusqu'à présent, cette incitation était interprétée comme une obligation tant elle semblait tomber sous le sens. Certains nouveaux convertis cependant ne semblent pas l'entendre de la même oreille. « *Ils créent des structures juridiques totalement dépourvues de terre, ce qui les contraint à s'approvisionner à 100 % chez un fournisseur. Récemment, nous avons eu le cas d'un producteur de céréales qui, après avoir monté un atelier volailles pour vendre des œufs bio, a préféré rester en conventionnel. S'il s'était converti à l'agriculture biologique, il aurait pu garder une partie de sa production pour nourrir ses poules et vendre le reste. Là, on marche vraiment sur la tête !* » se désole Stéphanie Pageot. À l'entendre, la filière porcine n'aurait malheureusement rien à envier à sa voisine : « *Pas mal d'éleveurs essaient de passer au bio tout en continuant d'utiliser leurs bâtiments alors qu'ils ne sont pas adaptés au confort exigé par le cahier des charges.* » Si rien n'est fait pour endiguer ce phénomène, pas sûr que la filière sans pesticides continue de susciter beaucoup de – vraies – vocations.

Encadré initialement écrit pour les *Dossiers du Canard enchaîné* d'avril 2018 sur la malbouffe

Le rôle des collectivités dans la structuration des filières bio

La pomme française coûte plus cher que la pomme chinoise ou polonaise. De plus, certaines régions de l'Hexagone ne comptent pas suffisamment de cultures biologiques pour achalander un territoire donné. « *En Île-de-France par exemple, l'agriculture bio représente à peine plus de 2 % de la surface agricole utile globale. Cette superficie est largement insuffisante pour couvrir les besoins des cantines* », observe Mathias Chaplain, coordinateur des campagnes de l'association Agir pour l'environnement. D'où l'intérêt d'encourager les agriculteurs locaux à opérer une transition en les aidant à structurer la filière bio. C'est le cas de Lons-le-Saulnier (39), ville en régie directe qui sert 5 000 repas quotidiens préparés dans une cuisine centrale.

LONS-LE-SAULNIER (39)

Dans cette petite ville jurassienne, tout a commencé avec l'eau. Lors de son élection en 1989, le maire Jacques Pélissard se rend compte qu'elle est gorgée de nitrates et que son seuil dépasse même celui toléré par les nourrissons. Envisagée un temps, la dénitrification apparaît finalement peu pertinente. Elle reviendrait à traiter les symptômes sans s'attaquer au problème de fond. L'équipe municipale décide donc d'intervenir en amont pour stopper le problème de pollution des nappes. Comment ? En demandant aux agriculteurs de la zone de protection des puits (soit 220 hectares) de ne plus épandre de lisier et de ne plus recourir aux pesticides et aux nitrates. En échange, les agriculteurs sont indemnisés. Pour encourager en même temps l'émergence d'agriculteurs bio, la ville met en place un marché bio.

Quel produit est le plus consommé dans la restauration scolaire ? Le pain ! L'équipe municipale incite donc les agriculteurs à produire du blé bio. Elle cherche en parallèle un minotier bio et s'engage dans le même temps dans une procédure de traçabilité du blé bio transformé en farine bio. Enfin, la commune passe une convention avec un boulanger qui fabrique du pain bio avec la même garantie de traçabilité. Essai transformé !

Lons-le-Saulnier décide ensuite d'étendre cette expérience réussie à deux autres filières : les produits laitiers et la viande. Pour répondre aux besoins des écoliers, la ville achète des bêtes sur pied qu'elle fait abattre dans l'abattoir municipal. Une démarche que le maire estime écologique (peu de transports), économique (contourne la marge du chevillard) et

→

vertueuse pour l'emploi (la valeur ajoutée reste sur le territoire et les producteurs ont la garantie de vendre chaque mois une vingtaine de bêtes). Enfin, parce qu'elle est de qualité, la viande ne rend pas d'eau à la cuisson. La collectivité en a donc « pour son argent ».

« *Vous n'imaginez pas combien cette démarche est vertueuse et à quel point elle redynamise les territoires* », commente Lise Pujos, ambassadrice Ecocert du label « En cuisine ». Le cuisinier se met à parler au producteur ; le premier guide potentiellement le second sur ce qu'il va planter. Les gamins se rapprochent aussi de l'agriculteur lors des visites de la ferme. Le soir, ils en parlent à leurs parents. Certaines familles se sont ainsi remises à cuisiner. À Nogaro (32), le chef Hugo Dereymez et son équipe ont même concocté un livre de recettes et de conseils en nutrition extrêmement pédagogique à leur intention[74] ! « *Sourcer des produits bio locaux suscite des conversions d'agriculteurs et, finalement, ce sont moins de pesticides dans les champs alentour* », conclut notre interlocutrice. CQFD !

QUAND L'AMAP S'INVITE À LA CANTINE

Écuelles est une petite localité de Seine-et-Marne. Chaque midi, 300 élèves mangent à la cantine. Jusqu'à présent, jamais un aliment bio ni local n'était parvenu jusque dans leurs assiettes. Pour y remédier, les élus ont décidé d'acheter des terres et d'y installer des producteurs. Hélène Béchet, consultante pour le réseau des AMAP IDF, les accompagne depuis plusieurs mois dans cette démarche. « *C'est un partenariat gagnant-gagnant,* explique-t-elle. *D'un côté on diversifie les débouchés et de l'autre on reterritorialise. Derrière ce projet, c'est toute une dynamique qui se crée autour du producteur : les élus, les enfants, les profs et les parents. Cela redonne du sens à sa présence sur le territoire et le*

74. « À la cantine de Nogaro », https://fr.calameo.com/read/005002810ed93b34b6d7b

rend vraiment visible. » En procédant ainsi, l'ensemble des protagonistes prennent conscience des besoins et des contraintes de chacun. « *On sort d'une logique pure d'approvisionnement et d'un calcul terre à terre du pourcentage de bio local !* » ajoute cette chargée de mission.

Voilà un exemple qu'Ali Id Elouali aimerait suivre ! À l'heure qu'il est, cet élu vert de Choisy-le-Roi se bat pour que sa commune n'adhère pas au SIRESCO. Pourtant, dans le rapport d'activité 2016 de ce syndicat, on peut lire que la part de bio s'élève à 14,60 % alors qu'elle n'est que de 3 % aujourd'hui à Choisy-le-Roi.

> « Nous ambitionnons de travailler sur le bio mais pas comme ça ! Pas d'une manière industrielle et productiviste ! Sinon autant aller acheter du bio chez Leclerc ! L'idée n'est pas juste de proposer une offre d'alimentation aux enfants, même si c'est important en soi. L'idée est qu'une collectivité territoriale doit prendre ses responsabilités dans le développement du bio à travers un projet politique. Apporter du bio dans les assiettes suppose d'aider les petits producteurs à se convertir en leur permettant de répondre à des appels d'offres dimensionnés à des demandes moins gigantesques que celles du SIRESCO. Une petite collectivité comme la nôtre l'aurait permis si elle avait gardé sa cuisine centrale ! A contrario, quels producteurs vont pouvoir achalander un mastodonte qui prépare 40 000 repas par jour ? Seuls les mêmes gros que dans le privé peuvent répondre à de tels besoins. Résultat, on va certes servir du bio au prix d'un dumping social et écologique dont les petits producteurs feront les frais », commente-t-il.

Si le projet du SIRESCO semble incompatible avec un projet de développement du territoire, il ne l'est pas davantage avec un projet social. « *Les agents de notre cuisine centrale sont demandeurs de formation, ils ont envie de donner un autre sens à leur métier. Si demain notre unité de production est intégrée au SIRESCO, on va définitivement les transformer en ouvre-boîtes* », anticipe cet élu.

Comme on peut s'en douter, les villes rurales, situées à proximité de grandes exploitations, sont évidemment favorisées par rapport à celles implantées dans des zones très urbaines.

En Île-de-France par exemple, le bio représente à peine plus de 2 % de la surface agricole utile globale. Cette superficie est largement insuffisante pour couvrir les besoins des cantines. Certaines collectivités ont certes monté des partenariats avec des coopératives (GAB Île-de-France, Coop Bio d'Île-de-France), mais ces structures ne peuvent pas répondre à la totalité de la demande d'un territoire aussi densément peuplé.

Repasbio.org, le site de la FNAB dédié à la restauration collective, accompagne les collectivités qui veulent passer au bio.

Le site restaurationbio.org permet aux cuisines et aux collectivités qui le souhaitent de partager leurs expériences d'introduction de produits bio en restauration collective.

Comptabiliser le bio, un calcul (trop) savant ?

Sur le site Internet de la caisse des écoles du 18e arrondissement de Paris, on peut lire que, pour l'année 2016, les menus de la restauration scolaire comptent 40 % de produits issus de l'agriculture biologique. Ce pourcentage s'obtiendrait ainsi :

- 20 % des repas (soit un par semaine) sont 100 % bio ;
- 80 % des goûters contiennent au moins un élément bio ;
- le pain servi chaque jour est fabriqué à partir de farine biologique locale.

Lorsque nous avons demandé à une élue de nous développer ce calcul, elle en a été bien incapable, se retranchant derrière de prétendu « algorithmes très compliqués ».

Si je pars volontairement de cet exemple, c'est pour montrer qu'il faut rester circonspect dans les pourcentages qu'on nous présente et toujours chercher à les comprendre.

> « Une clarification s'impose sur la manière dont on compte la part de bio dans les assiettes », confirme Hugues Fortuna, directeur d'exploitation de la cuisine centrale d'Avignon. « Pour moi, il faut partir du nombre de composants sur un repas. Chez nous, sur 100 composants, 30 à 35 sont bio. C'est aussi simple que ça. Sinon, il est très facile de manipuler les chiffres : il suffit de se contenter de mettre du porc bio deux fois sur les plateaux. Comme c'est une viande très chère, on peut vite obtenir des quotas élevés. »

Ce comptage du bio est particulièrement important en DSP, comme l'explique Annie Pinquier, du cabinet Agriate :

> « Si la collectivité exige 20 % de fruits et légumes bio par exemple, il faut s'assurer que le candidat comprend la même chose. Pour cela, il doit préciser dans sa réponse s'il comptabilise des pourcentages d'achat ou s'il raisonne en filières concernées ; si, dans ce pourcentage, la carotte bio compte autant que le steak bio… Rien ne doit être laissé dans le vague. »

Le bio trop cher pour ma cantine ?

« *Le bio, c'est bien mais ça coûte cher !* » Cette phrase revient comme un doux écho chaque fois que l'on veut mettre des fruits et légumes sans pesticides dans l'assiette de nos gamins. Pourquoi le cacher, certains distributeurs totalement déculpabilisés en profitent ! Durant mon enquête, la nutritionniste Valérie Jacquier m'a confié avoir vu un gestionnaire de collectivité acheter de bonne foi du riz bio à 8 € le kilo, alors qu'il coûte en moyenne 3 € chez un fournisseur honnête ! Le bio a bon dos, et certains fournisseurs opportunistes et peu scrupuleux font des marges indécentes.

D'après le rapport 2017[75] de l'Observatoire de la restauration collective bio et durable mis en place par Un plus bio :

- ✔ Un repas avec 20 % de bio n'est pas plus cher qu'un repas conventionnel, soit en moyenne 1,80 € de matières premières.
- ✔ Plus de bio n'entraîne pas une dérive des budgets des collectivités.

75. http://www.unplusbio.org/wp-content/uploads/2017/11/Rapport-Observatoire-Un-Plus-Bio-2017-light.pdf

Stéphane Veyrat nous en fournit les explications :

> « Parce que dès que l'on met du bio dans les assiettes, il faut entamer en parallèle une réflexion sur les achats, la lutte contre le gaspillage alimentaire et les bons grammages. Si on n'achète pas cher son poulet et son pain, quelque part, on se fiche que ça finisse à la poubelle, mais dès lors qu'on y met vraiment le prix, on raisonne différemment. »

La FNAB a édité une plaquette pédagogique pour aider les collectivités à maîtriser leur budget en amont et à introduire plus de produits bio en aval :

http://www.repasbio.org/sites/default/files/plaquette_intro_produits_bio_maitrise_budget_v2_web.pdf

C'est exactement ce qu'a fait la petite commune de Mouans-Sartoux, rattachée au canton de Grasse (06). Elle compte trois écoles et dresse 1 000 couverts. Chaque établissement possède une cuisine intégrée. En l'espace de quatre ans (2008-2012), les cantines sont passées de 20 à 100 % de bio dans les assiettes, dont 70 % d'alimentation locale. Mais là où l'équipe municipale est très fière, c'est que cette augmentation substantielle de la part du bio a généré une **baisse de prix** ! « *En 2008, le coût des denrées était de 1,92 € et depuis 2012, il est descendu à 1,86 € !* » se réjouit Gilles Pérole, adjoint à l'éducation et à l'enfance, et président du réseau Un plus bio. Par quel tour de passe-passe cette petite ville de PACA a-t-elle réussi ce coup de maître ? « *En effectuant un très gros travail sur le gaspillage alimentaire* », répond simplement l'élu.

✔ En 2010, les déchets représentaient 140 g/repas/enfant (moyenne nationale à 150 g).

✔ En 2018, les déchets ne représentent plus que 30 g, soit une diminution de 80 % du poids de la poubelle et une économie de 20 centimes par plateau qui a permis de financer le surcoût du passage au 100 % bio.

PAS TARTE, LA POMME !

À Mouans-Sartoux, la pomme est devenue le symbole de la lutte antigaspillage.

La ville est partie du principe qu'il est idiot de donner une pomme entière issue de l'agriculture conventionnelle à chaque enfant quand il est possible de leur distribuer des quartiers de pommes bio.

« *Nous sommes partis du constat que tous les enfants ne mangent pas leur pomme en entier. Beaucoup croquent juste deux morceaux avant de l'abandonner sur leur plateau. Nous avons donc décidé d'acheter moins de pommes. L'économie réalisée sur la quantité nous a permis d'acheter des pommes plus chères, 100 % bio* », justifie Gilles Pérole.

Ces pommes sont ensuite coupées en morceaux ; chaque enfant en prend la quantité qu'il souhaite. Généralement, les petits se contentent de quelques quartiers correspondant à un quart voire à une demi-pomme, quand les plus grands consomment volontiers l'équivalent d'un fruit entier. Résultat : les cantinières ne retrouvent plus (ou presque) que les trognons dans la poubelle !

La **lutte contre le gaspillage** passe aussi par un système de **portions**. Les petits Mouansois apprennent très tôt à écouter leur appétit. À l'instar de la famille ours de Boucle d'or, ils ont le choix entre le grand, le moyen ou le petit bol de soupe ! Ceux qui ont vu un peu juste peuvent demander du rab. Malin, ce système rassure les enfants qui ont les yeux plus gros que le ventre. Après chaque repas, les équipes calculent le différentiel entre ce qu'elles ont cuisiné et ce qui a été jeté. « *Du plat au dessert, tout est reporté sur un tableau. Cela nous permet d'individualiser les portions et de servir la juste quantité* », commente Gilles Pérole.

Enfin, pour atteindre le chiffre enviable de 70 % d'alimentation locale, Mouans-Sartoux a créé une **régie municipale agricole**. 85 % des légumes consommés à la cantine sont désormais cultivés par le maraîcher municipal.

> « Les viandes et légumes bio affichent un meilleur rendement et plus de matière première dans l'assiette que les mêmes aliments conventionnels qui fondent comme neige au soleil en dégorgeant de l'eau et du gras en quantité astronomique. Demandez à un cuisinier : il vous dira qu'à la cuisson, sa viande a perdu 40 % de son poids. C'est donc après cuisson et dans l'assiette seulement qu'il faudrait évaluer le prix au kilo ou au litre ; pas sur le produit brut, enfonce Valérie Jacquier. »

Repasser en régie directe peut enfin, comme nous l'avons vu, générer des économies qui permettent d'augmenter la part de bio dans les assiettes.

Conclusion : un travail sur la **composition des menus**, les **grammages servis** et la **prévention du gaspillage** permet de faire des économies largement suffisantes pour proposer des repas bio sans surcoût, et même souvent à un coût inférieur !

LES BONS ÉLÈVES DE UN PLUS BIO

Qui sont les bons élèves du bio ? Voici une question à laquelle Stéphane Veyrat a du mal à répondre, et pour cause. « *Ce qui importe le plus, c'est l'ambition du projet alimentaire. Un bon projet aura des répercussions sur le foncier, l'économie des petits magasins, les seuils qu'il souhaite passer à court terme (diminuer la part de boîtes de conserve, sortir des fromages préemballés...), les alternatives végétales* », énumère-t-il.

Cette précision étant donnée, le directeur de Un plus bio a néanmoins accepté de citer quelques collectivités jugées exemplaires !

La région Occitanie s'est engagée sur un programme ambitieux valorisant le bio et le local (40 % d'ici à quatre ans) et semble s'en donner les moyens.

Si l'on se focalise sur les départements, la Drôme, les Pyrénées-Atlantiques et le Gard sont pionniers, mais chacun à des degrés différents.

- Figurant en tête du hit-parade des départements de France possédant des cultures bio, la Drôme met à disposition des cantines d'importantes ressources alimentaires. Elle a en outre entamé une réflexion de fond sur le gaspillage alimentaire.
- Le Gard a transformé un ancien bâtiment en légumerie. Les fruits et légumes bio bruts sont traités dans ce lieu et livrés ensuite aux collèges à prix coûtant.
- Les collèges des Pyrénées-Atlantiques sont passés en cinq ans de 5 à 15 % de bio. Ils en sont actuellement à plus de 2 millions d'achats relocalisés.

Côté villes, caracolent en tête Mouans-Sartoux, Grande-Synthe (Nord), Nantes ou encore Toulouse (elle a engagé une réflexion pour faire profiter les cantines de son important foncier).

Et la capitale, alors ? Paris est rentrée très récemment dans le club très sélect de ce réseau ! Paris est très en avance sur les crèches mais beaucoup sont en DSP. Pour les écoles élémentaires, la situation change du tout au tout d'un arrondissement à l'autre.

NB : Le bio ne s'introduit pas n'importe comment. Certaines collectivités proposent un menu entièrement bio par semaine. « *Sur le plan budgétaire, c'est la catastrophe, car en introduisant tout le même jour, tu exploses ton budget* », alerte Lise Pujos (Ecocert). Elle recommande d'établir un **référentiel progressif** : débuter avec le pain, puis les yaourts, et ainsi de suite… Elle conseille également de travailler en parallèle sur l'éducation au goût. « *Les gamins habitués à manger des friands à qui l'on se met à servir du chou bio risquent de remuer dans les brancards ! Après, ça remonte jusqu'au maire, qui va se mettre à sermonner les cuisiniers…* », raconte-t-elle. Un parfum de vécu ?

> Vous trouvez que la cantine de Junior ne sert pas suffisamment de bio ? Interpellez vos élus et les gestionnaires des établissements en charge de la restauration scolaire grâce à la campagne « Des cantines bio, j'en veux ! ». Il suffit d'un clic.
>
> Plus d'infos sur : https://cantinesbio.agirpourlenvironnement.org/

LOCAL ET CIRCUITS COURTS

Le bio n'a de sens que s'il est **local**, et réciproquement.
Si on leur laisse le choix, certaines collectivités vont s'achalander principalement en produits bio de Chine ou de Pologne, parce qu'ils sont bien moins chers. *Quid* cependant de l'empreinte carbone ? *Quid* également du volet social ? La philosophie de l'agriculture bio française repose sur une juste **rémunération des producteurs**. Opter pour du local, c'est favoriser une démarche de commerce solidaire Nord-Nord.

Le projet de loi EGalim actuellement en discussion au Parlement n'évoque pas la dimension locale des produits. Il parle uniquement de « **circuits courts** ». Annie Pinquier déplore la confusion souvent faite entre ces deux termes. Pourtant, ils renvoient à deux réalités différentes.

Le **local** renvoie à la consommation de produits conçus et transformés dans un espace géographique restreint. Mais aucune définition ne permet à ce jour de déterminer la frontière à partir de laquelle le produit n'est plus local. « *Le local évolue selon le territoire ! À Paris, par exemple, 50 km n'a pas de sens, car les grandes exploitations sont généralement installées au niveau de la Grande Couronne* », précise Annie Pinquier.

Les **circuits courts** en revanche font l'objet d'une définition officielle (9). Il s'agit d'un mode de commercialisation des produits agricoles qui s'exerce soit par la vente directe du producteur au consommateur, soit par la vente indirecte, à condition qu'il n'y ait qu'un seul intermédiaire entre l'exploitant et le consommateur. À titre d'illustration, les AMAP (Associations pour le maintien de l'agriculture paysanne) sont pionnières en matière de circuits courts. Attention à ne pas mélanger circuit court et local ! Une tomate de Chine peut tout à fait emprunter un circuit court s'il n'y a qu'un seul intermédiaire entre son producteur et le consommateur.

Pourquoi le législateur s'est-il refusé à lier bio et local ? « *Parce que le code des marchés européens interdit de privilégier les produits locaux dans les appels d'offres. Le recours au coût du cycle de la vie est un subterfuge permettant aux collectivités publiques de favoriser indirectement les circuits courts en faisant jouer l'impact écologique ou la fraîcheur des produits* », répond Mathias Chaplain, plutôt satisfait de ce petit arrangement réglementaire. Il juge en revanche beaucoup plus gênant de ne pas lier produits bio et circuits courts.

« *On semble s'acheminer vers l'un ou l'autre* », déplore ce militant associatif. Résultat, « *rien n'empêchera une région riche en élevages porcins ou de volailles intensifs de fournir ses cantines en viande gavée aux antibiotiques et de se cacher derrière les circuits courts. Le local n'est pas en soi un signe de qualité* », alerte-t-il. « *Attention au local!* confirme Lise Pujos, qui prône le "Bio en cuisine". *Même les grosses SRC te parlent de local, mais dans la mesure où ce n'est pas défini, elles peuvent y mettre ce qu'elles veulent. On y trouve le meilleur comme le pire…* » Autrement dit, des produits bourrés de pesticides, d'OGM et d'autres additifs…

LES LABELS

Le projet de loi EGalim actuellement en discussion prévoit l'introduction de produits labellisés dans l'assiette de nos enfants (pourcentage ultérieurement précisé par décret). Ces labels sont variés ; Mathias Chaplain les résume :

> « Cela regroupe le Label Rouge, le label Pêche durable, les appellations d'origine garantissant l'aspect local – mais en aucun cas l'absence de résidus de pesticides ou d'antibiotiques –, les mentions valorisantes de type "fermier" ou "produit de montagne" dont le cahier des charges est beaucoup moins rigoureux que celui du bio, ou encore le discret label Haute Valeur environnementale (HVE). »

Si, sur le papier, cette certification Haute Valeur environnementale née des suites du Grenelle de l'environnement et destinée aux exploitations agricoles fait sérieux, certains militants écologistes dénoncent un risque de *greenwashing*, un procédé marketing permettant de renvoyer une image écologique responsable. « *La HVE est une démarche intermédiaire entre le bio et le conventionnel, qui risque de créer une confusion inutile chez les consommateurs et, à terme, de les détourner du label AB, lequel a pourtant valeur d'exemplarité* », s'inquiète le coordinateur des campagnes de l'association Agir pour l'environnement.

La présidente de la FNAB, Stéphanie Pageot, ne voit pas d'un meilleur œil l'émergence de tous ces nouveaux labels nés de la pression médiatique ou des consommateurs. « *L'agroalimentaire estampille certains produits "nouvelle agriculture", "agridurables", mais ces labels ne reposent sur aucun cahier des charges* », alerte cette éleveuse laitière bio de Loire-Atlantique, avant d'expliquer que tout cela déstabilise finalement la filière bio.

VIANDE ET LABEL ROUGE

Le cahier des charges de la cantine de votre enfant indique que 100 % de la viande servie est Label Rouge. Un matin, en parcourant le menu hebdomadaire affiché à l'entrée de l'école, vous constatez, surpris, que les manchons de poulet ne sont pas accompagnés du petit logo.

Idem pour les boulettes de volaille et de mouton les semaines suivantes. Vous aurait-on menti ? Que nenni ! C'est probablement parce qu'il ne s'agit pas de pièces de boucherie, mais de vulgaires morceaux à base de viande reconstituée, truffés par ailleurs de glucides et de protéines de soja texturées. Or, vous vous en doutez, pour ces préparations bas de gamme, il n'existe (heureusement) pas de label qualité.

Moralité, avant de crier partout que votre enfant ne consomme que de la viande labellisée à la cantine, assurez-vous qu'on ne lui serve pas aussi de la « fausse viande »...

LES GAMMES DE FRUITS ET LÉGUMES

Ce matin, ce ne sont plus les viandes sur le menu qui vous tapent à l'œil, mais les **crudités**. Vous constatez, ravi, qu'à midi, Junior mangera des carottes râpées. Porté par votre imagination débridée, vous voyez déjà en pensée les cuisiniers affairés à laver, à éplucher et à couper consciencieusement cette « plante bisannuelle cultivée pour sa racine pivotante comestible » (merci, Larousse) cueillie la veille dans le champ d'un agriculteur. C'est possible ! Certaines cantines ont mis en place des partenariats avec des AMAP. C'est malheureusement loin d'être toujours le cas. Avant de m'intéresser au sujet des cantines, pour moi, une carotte était une carotte. J'ai découvert qu'elle pouvait en réalité se décliner en **cinq gammes**.

1re gamme
Fruits et légumes bruts qui ne subissent aucun traitement de conservation. En clair, c'est la carotte achetée en vrac au (super)marché.

2e gamme
Fruits et légumes en conserve. Ils sont, de façon générale, plus riches en sucre que leurs équivalents frais, étant donné qu'ils sont immergés dans un sirop. La cuisson qu'ils ont subie leur a par ailleurs fait perdre beaucoup de leurs vitamines et minéraux.

3e gamme
Produits congelés et surgelés.

4e gamme
Fruits et légumes crus, prêts à l'emploi. Ils ont été lavés, épluchés et découpés puis conditionnés en petites quantités dans des emballages spécifiques, sous air ambiant ou atmosphère modifiée, sous vide, en sachets ou en barquettes… pour éviter la destruction des

vitamines par oxydation. Leur durée limite de consommation varie de quatre à dix jours selon les produits.

5e gamme
Fruits ou légumes stérilisés et pasteurisés. Il s'agit essentiellement de plats cuisinés à l'avance, conditionnés en sachets ou sous vide, à conserver au frais (entre 0 et 4 °C).

Si la cantine n'est pas équipée d'une légumerie, les enfants sont susceptibles de manger toutes les gammes, à l'exception de la première.

LE GEM-RCN, LA BIBLE DES CANTINES

Si, à ce stade, vous n'êtes pas découragé par ce que vous avez appris, c'est que vous êtes mûr pour aborder le GEM-RCN (Groupement d'étude des marchés en restauration collective et de nutrition). Concrètement, il s'agit d'un groupe hétérogène d'**experts bénévoles**, composé de :

- représentants de l'État (ministères de l'Agriculture et de la Santé) et des collectivités ;
- professionnels de la restauration collective : Association nationale des directeurs de la restauration collective (AGORES), Restau'co, Syndicat national de la restauration collective (SNRC) auquel les grands groupes Elior, Sogeres et Sodexo appartiennent... ;
- représentants de filières animales : Centre d'information des viandes (CIV), filières laitières (CERIN) et industrielles nationales (ATLA) ;
- représentants de filières végétales : Interprofession des légumes (Aprifel), Association pour la promotion des aliments au soja (Sojaxa) ;

- représentants des plus grandes fédérations d'industriels français : Association nationale des industries alimentaires (ANIA) et GECO Food Service (association d'industriels de la restauration collective type Davigel, Pomona, Président…) ;
- associations de nutritionnistes et de diététiciens ;
- représentants scientifiques (INRA, ANSES) ;
- représentants de la filière qualité (FNAB).

Pour en comprendre l'utilité, je vous propose une petite parenthèse historique.

À L'ORIGINE DU GEM-RCN

Tout commence en 2001. Cette année-là, les pouvoirs publics décident de lancer un **Programme national nutrition santé** : le PNNS[76]. Son objectif : améliorer l'état de santé de la population en agissant sur la nutrition à partir des recommandations nutritionnelles de l'ANSES (Agence nationale de sécurité sanitaire de l'alimentation, de l'environnement et du travail) et du HCSP (Haut Conseil de la santé publique). Vous le connaissez sans le savoir. Le fameux « *mangez cinq fruits et légumes par jour* », c'est lui ! « *30 minutes de marche quotidienne* », c'est encore lui !

Le PNNS est présidé par l'épidémiologiste Serge Hercberg, à qui l'on doit également le logo Nutri-Score. Vous savez, ces petites étiquettes qui classent les produits alimentaires en cinq catégories (de A « bon » à E « à limiter »), à partir d'une adaptation du score FSA (Food Standard Agency).

---

76. http://www.mangerbouger.fr/PNNS

Depuis 2006, le PNNS a été révisé deux fois pour tenir compte des évolutions et mettre l'accent sur de nouvelles campagnes de prévention : PNNS 2 (2006-2010), PNNS 3 (2011-2015). Le contenu du PNNS 4 est connu, mais n'a pas encore été officiellement retranscrit, car les recommandations du HCSP et de l'ANSES n'ont pas encore été transcrites pour les enfants. Nous sommes donc toujours sous l'égide du 3.

Mais revenons-en à nos moutons ! Au moment de l'élaboration de ce programme, le ministère de l'Économie, des Finances et de l'Industrie décide d'édicter une recommandation pour aider les acheteurs publics à établir le cahier des charges de leurs contrats de restauration collective. Elle est assortie de fiches techniques qui intègrent les conseils du PNNS. On y trouve les objectifs nutritionnels et les fréquences de plats à servir. Le GEM-RCN est en quelque sorte une « traduction » du PNNS à destination des **acheteurs de la restauration collective**.

Vous êtes maire d'une commune et vous ne connaissez rien à la nutrition ? Référez-vous au GEM-RCN ! Vous êtes à la tête d'une collectivité publique et vous souhaitez déléguer le service de la restauration collective : mettez les recommandations du GEM-RCN dans le cahier des charges pour guider votre prestataire ! Ce guide est devenu avec les années une véritable bible pour les décideurs publics qui gèrent directement ou indirectement le service de restauration collective. C'est également un outil dont se sont emparés beaucoup de cuisiniers.

La recommandation du GEM-RCN a été réactualisée en juillet 2015 pour se conformer à la loi, et plus spécifiquement au décret n° 2011-1227 du 30 septembre 2011 relatif à la qualité nutritionnelle des repas servis dans le cadre de la restauration scolaire[77] et à l'arrêté du même jour[78].

En 2016, cependant, débarque au ministère des Finances un nouveau directeur de l'achat public qui déclare que son ministère n'a pas vocation à écrire des guides pratiques ! Les membres du GEM-RCN se retrouvent... à la rue. Résolus à poursuivre leur action, ils continuent à travailler de manière informelle sur de nouveaux repères d'alimentation. Durant les États généraux de l'alimentation (20 juillet-21 décembre 2017), le Gouvernement s'est engagé à réactiver officiellement ce groupe. De quel ministère dépendra-t-il cette fois (Santé, Agriculture...) ? Le mystère reste entier ! Le Gouvernement a en outre suggéré qu'il soit ouvert à certaines ONG (Greenpeace, Ecocert, Fondation pour la nature et l'homme...).

CE QUE DIT LE GEM-RCN

La dernière recommandation nutrition du GEM-RCN est un document de plus de 123 pages synthétisées sous forme de six fiches[79] :
1/ plats protidiques ;
2/ produits laitiers dont les desserts lactés ;
3/ petite enfance (8 mois à 3 ans) ;
4/ milieu scolaire (enfants, adolescents et jeunes adultes scolarisés, bien portants)[80] ;
5/ personnes âgées ;
6/ milieu carcéral.

77. https://www.legifrance.gouv.fr/eli/decret/2011/9/30/AGRG1032342D/jo
78. https://www.legifrance.gouv.fr/affichTexte.do?cidTexte=JORFTEXT000024614763
79. https://www.economie.gouv.fr/daj/recommandation-nutrition
80. https://www.economie.gouv.fr/files/files/directions_services/daj/marches_publics/oeap/gem/nutrition/fiche-nutrition-milieu-scolaire.pdf

Cette recommandation ainsi que les six fiches thématiques qui l'accompagnent s'inscrivent dans les orientations du PNNS n° 3 et du plan de lutte contre l'obésité. Elles intègrent également les priorités du Programme national pour l'alimentation présenté en décembre 2014, parmi lesquelles trois objectifs sont recherchés, à savoir :

- favoriser les productions issues de l'agriculture biologique ;
- renforcer l'ancrage territorial de notre alimentation afin de remettre les productions locales au cœur des territoires en développant l'approvisionnement par les circuits courts ;
- lutter contre le gaspillage alimentaire.

On l'aura compris : ça, c'est la théorie.

Si la nutrition vous passionne, je vous invite à décortiquer plus particulièrement les fiches 3 (petite enfance)[81] et 4 (milieu scolaire)[82].

Sachez juste – pour votre culture personnelle – que les recommandations en milieu scolaire insistent sur :

- la consommation suffisante de fruits et légumes, sources de vitamines, minéraux, oligoéléments et fibres ;
- la variété des féculents (légumes secs, pommes de terre ou céréales), sources de glucides complexes et de fibres ;
- la quantité limitée des matières grasses utilisées et leur nécessaire variété pour équilibrer les apports en acides gras et en vitamines ;
- la place des poissons gras, sources d'acides gras essentiels (oméga 3) ;
- la quantité limitée d'aliments contenant des sucres ajoutés ;

81. https://www.economie.gouv.fr/files/files/directions_services/daj/marches_publics/oeap/gem/nutrition/fiche-nutrition-petite-enfance.pdf
82. https://www.economie.gouv.fr/files/files/directions_services/daj/marches_publics/oeap/gem/nutrition/fiche-nutrition-milieu-scolaire.pdf

- la consommation suffisante de bœuf, veau, agneau et abats de boucherie, viandes sources de fer bien assimilé par l'organisme ;
- la consommation suffisante de produits laitiers (dont fromages) variés, principales sources de calcium ;
- les apports contrôlés en sel, vecteur de sodium.

LE GEM-RCN : UN OUTIL OBLIGATOIRE ?

Le GEM-RCN est une recommandation (donc non obligatoire), avec toutefois un volet obligatoire. Si vous êtes perdu, rassurez-vous, vous n'êtes pas le.la seul.e ! D'après plusieurs entretiens réalisés par l'association Greenpeace[83] avec des experts de la restauration collective, « *la confusion entre le caractère indicatif et obligatoire du GEM-RCN serait en effet importante au sein même des acteurs des territoires, collectivités incluses* ». Je l'ai également constaté dans le cadre de mon enquête. Beaucoup de spécialistes (nutritionnistes, cuisiniers, responsables) s'emmêlent les pinceaux ! Et à qui profite le crime (la confusion) ? Aux industriels, bien sûr…

Alors, parmi ces recommandations, qu'est-ce qui est obligatoire et qu'est-ce qui ne l'est pas ?

Les dispositions facultatives

La grande majorité des dispositions du GEM-RCN sont facultatives. Il n'y a donc aucune obligation de les suivre. Par exemple, **cinq composantes** sont préconisées sur le plateau :

- une entrée ;

83. « Viande et produits laitiers : l'État laisserait-il les lobbies contrôler l'assiette de nos enfants ? », Greenpeace, décembre 2017.

- un plat principal ;
- une garniture ;
- un produit laitier ;
- un dessert.

« *Les cinq portions permettent d'associer des aliments crus à des aliments cuits et surtout de permettre aux élèves de manger à leur faim, surtout s'ils n'apprécient pas l'une des composantes* », justifie Marie-Line Huc, diététicienne-nutritionniste et membre du GEM-RCN à titre de nutritionniste indépendante membre d'une association. Néanmoins, il est tout à fait possible de proposer seulement quatre composantes. C'est l'option « fromage ou dessert » en quelque sorte. Sauf que là, c'est entrée ou dessert ! « *L'équilibre nutritionnel sera cependant plus difficile à obtenir* », ajoute cette spécialiste. Nous allons tout de suite comprendre pourquoi.

De même, ce document propose des recommandations sur le service, le temps du repas, les quantités conseillées par tranches d'âge.

Les dispositions contraignantes

Deux éléments du GEM-RCN seulement (mais non des moindres) sont contraignants : les **fréquences** et les **quantités relatives aux aliments transformés**. Ils ont été intégrés dans l'arrêté et le décret n° 2011-1227 du 30 septembre 2011 relatifs à « *la qualité nutritionnelle des repas servis dans le cadre de la restauration scolaire*[84] ».

Attention, c'est maintenant qu'il faut s'accrocher !

---

84. *Cf.* Annexes.

Fréquences

Le GEM-RCN calcule l'équilibre nutritionnel de l'assiette non pas sur 1 mais sur **20 repas**, comme l'exige l'arrêté cité ci-dessus. Ce système permet de compenser certains repas trop riches par des repas moins gras (et/ou sucrés !). Gardez bien ce chiffre en tête, car tout en découle.

Produits gras : produits à teneur en matières grasses supérieure à 15 %.

Produits sucrés : produits contenant plus de 20 g de sucres simples totaux par portion.

Plat protidique : plat principal à base de viandes, poissons, œufs, abats ou fromages.

Source : arrêté du 30 septembre 2011 relatif à la qualité nutritionnelle des repas servis dans le cadre de la restauration scolaire.

Entrée

Sur 20 repas, le GEM-RCN recommande de servir au moins **10 crudités**. Les carottes râpées et leurs copains les concombres et le chou rouge devraient donc représenter 50 % au minimum des entrées servies à nos rejetons.

Les quiches et feuilletés, la charcuterie, la macédoine de légumes gavée de mayonnaise, globalement tout ce qui dépasse 15 % de matières grasses ne doit pas dépasser 4 repas.

Plat principal

La viande et le poisson doivent respectivement être proposés au moins quatre fois (soit au moins huit fois sur 20 repas totaux).

Il convient cependant d'être précis : lorsque le GEM-RCN emploie le mot « viande », il entend « **pièce de boucherie** », c'est-à-dire une bavette, un rôti de veau, un sauté d'agneau ou des abats (langue, rognons, foie). Le steak haché ne fait pas partie de cette noble catégorie. « *Nous avons voulu leur faire barrage, d'abord parce que nous souhaitions encourager les viandes qui se cuisinent et qui se mâchent, et ensuite parce que les steaks hachés sont souvent gras* », justifie Marie-Line Huc avant de citer des chiffres allant de 10 à 20 % de matières grasses. S'il n'est pas gras (moins de 20 % de matières grasses) et s'il comporte au moins 70 % de viande, le steak haché n'est pas limité par une fréquence particulière. S'il est gras en revanche, on tombe sous la barre des 2 repas au maximum sur 20.

Par « poisson », le GEM-RCN entend à la fois le fameux pavé de colin d'Alaska, mais aussi toute préparation contenant au moins 70 % de poisson et deux fois plus de protéines que de matières grasses.

> « Ça peut sembler étonnant, mais cette recommandation permet de faire le tri entre le poisson pané de bonne qualité et celui qui contient plus de gras et de chapelure que de chair noble ! Seul le "bon" poisson pané entre donc dans cette catégorie », illustre Marie-Line Huc.

Les plats gras du type quenelles en sauce, saucisses, tartiflettes ne peuvent être servis que deux fois au maximum sur 20. Petit bémol pour les préparations contenant moins de 70 % de viande, poisson ou œuf. Ainsi les croque-monsieur, pizzas, pâtes au jambon, raviolis peuvent être présentés à nos enfants trois fois. Mais trois fois au maximum. « *La qualité des raviolis est très variable ; parfois, ils ne contiennent pas plus de 2 % de viande !* » justifie notre nutritionniste.

NB : Concernant les produits panés du type cordons bleus et bien sûr poissons panés, s'ils affichent plus de 15 % de matières grasses, ils peuvent être servis quatre fois sur 20 repas au maximum. S'ils contiennent moins de 70 % de viande ou de poisson (selon le cas), on tombe à trois fois au maximum. Enfin, si le rapport protéines/lipides est inférieur ou égal à 1[85], on passe à deux services.

Et les œufs ?

> « Il n'existe aucune consigne sur la fréquence de service des œufs, sauf s'ils sont cuisinés avec des lardons, du fromage ou des pommes de terre sautées. Le rapport protéines/lipides de la recette passe alors dans la catégorie des plats dans lesquels le rapport protéines/lipides est inférieur à un, soit 2 repas au maximum sur 20 », explique Marie-Line Huc, avant d'ajouter qu' « il n'est de toute façon pas forcément facile de proposer des œufs en restauration collective. Il s'agit d'un produit à risque sur le plan microbiologique, qui supporte mal d'attendre (liaison chaude) ou d'être réchauffé (liaison froide) ; c'est dommage car, sur le plan nutritionnel, c'est un aliment de choix à un prix très abordable ! »

Garniture

Un peu de courage, nous n'en avons pas encore fini ! La garniture est constituée de légumes cuits ou de féculents (dont légumes secs et céréales). Et si la garniture associe un légume et un féculent – riz et haricots verts, par exemple ? N'ayez crainte, le GEM-RCN a tout prévu ! Si l'assiette contient 55 % de riz et 45 % de haricots verts, la garniture sera considérée comme un féculent. Si c'est l'inverse,

85. Exemple : si le produit compte 14 g de protéines et 15 g de lipides, le rapport est inférieur à 1.

alors ce sera un légume. Maintenant au moins, vous savez comment faire passer des frites pour des légumes verts !

Sur 20 repas, il en faut 10 avec des féculents et 10 avec des légumes cuits. Pas d'embrouilles ! Enfin, presque pas. Si ce sont des chips, des frites ou des pommes de terre rissolées (ou toute autre garniture supérieure à 15 % de matières grasses par portion) qui accompagnent le steak ou le poisson, ce chiffre de 10 tombe à 4 au maximum. « *En clair, on peut proposer 4 services de frites sur 20 plats s'il n'y a aucun pané en plat principal* », résume Marie-Line Huc. Importante, cette précision me permet d'évoquer sans transition les cordons bleus et poissons panés, c'est-à-dire les autres produits frits dépassant les 15 % de matières grasses. Sachez qu'ils sont comptabilisés avec les féculents et beignets de légumes dans ce critère de + 15 % de matières grasses par portion.

Produits laitiers

Le PNNS recommande un produit laitier par repas. Mais pas n'importe lequel : riche en calcium, pas trop gras et pas trop sucré si c'est un dessert lacté. Le GEM-RCN souhaite de son côté encourager la diversité et faire découvrir aux écoliers les nombreux fromages de nos régions. Il distingue donc ceux qui contiennent plus de 150 mg de calcium par portion de ceux qui en comptent entre 100 et 150 mg. Les premiers (+ 150 mg) doivent être proposés au minimum huit fois sur vingt. Les seconds (entre 100 et 150 mg), quatre fois au minimum. « *Les fromages qui contiennent moins de 100 mg de calcium ne sont pas limités, si ce n'est qu'ils n'ont plus beaucoup de place du fait des fréquences imposées pour les autres fromages et laitages* », précise Marie-Line Huc.

Quant aux laitages et autres desserts lactés, le GEM-RCN encourage ceux au lait demi-écrémé. Concrètement, cela donne des produits contenant + 100 mg de calcium et moins de 5 g de lipides/portion. Ils doivent être servis six fois au minimum sur 20 repas successifs. « *Attention,* alerte notre nutritionniste, *les desserts lactés et les laitages qui contiennent plus de 20 g de glucides simples totaux* [de sucre, N.D.A.] *sont limités à 4 repas au maximum sur 20.* »

Et la béchamel des gratins ? Et le gruyère râpé sur les spaghettis ? Pourquoi ne sont-ils pas comptabilisés dans les portions de produits laitiers recommandées par le GEM-RCN ? La réponse tient en une phrase : parce que le fromage coûte cher ! Et Marie-Line Huc de rapporter ce qui a motivé l'arbitrage du comité Nutrition du GEM-RCN :

> « Si on avait tenu compte du fromage déjà contenu dans le cordon bleu ou le gratin, on aurait pris le risque de faire disparaître la portion de fromage du menu des élèves. Faites le compte vous-même : il est plus économique pour un industriel de saupoudrer du fromage râpé que d'offrir un morceau de comté en portions. Et là, on en aurait probablement vu partout ! Mais *quid* de l'enjeu éducatif ? »

Autre problème pointé du doigt : la partie gratinée contenant le fromage profite généralement aux premiers servis. Les derniers n'ont souvent que la garniture dépourvue de protéines laitières. Valérie Jacquier, nutritionniste elle aussi, n'adhère pas à cet arbitrage. Pour elle, ce gratin, cette béchamel ou cette tarte au fromage non comptabilisés dans les portions de produits laitiers plombent inutilement le prix du repas, et ce d'autant que le fromage en question n'en est pas toujours vraiment…

Pour éviter cependant que les enfants ne mangent trop de produits laitiers, Marie-Line Huc insiste sur l'importance de travailler avec un.e nutritionniste indépendant.e, capable de faire un compromis entre les grammages et les recettes. Nous y reviendrons.

Dessert

Le GEM-RCN distingue trois types de desserts :

- les fruits crus ;
- les desserts gras (+ 15 % de matières grasses) ;
- les desserts sucrés (+ 20 g de glucides simples/portion).

Les premiers doivent être donnés au minimum huit fois sur 20 repas consécutifs ; les desserts gras trois fois au maximum ; les desserts sucrés, quatre fois.

Les salades de fruits frais et crus peuvent être données comme les fruits crus (huit fois au minimum).

Les compotes sans sucres ajoutés viennent compléter les 8 fruits et peuvent être données douze fois (si, bien sûr, la portion servie contient moins de 20 g de glucides simples).

Pour les compotes avec sucres ajoutés, tout dépend de la teneur en sucre et donc de la portion.

> « Si le ramequin fait 100 g et que la compote est allégée en sucre (16 %), il n'y a pas de limitation (12 possiblement). Si, en revanche, le ramequin fait 130 g, la quantité de sucre augmente proportionnellement, et le pourcentage affiché ne sera plus indicatif. Sans diététicien, c'est compliqué… », commente Marie-Line Huc.

Une chose est sûre, si la compote atteint ou dépasse le seuil de 20 g de sucre, elle tombe dans la catégorie des desserts sucrés. Sa fréquence sera donc limitée à 4 repas au maximum sur 20.

Portions des produits transformés

Si les plats sont maison, la loi préconise de mettre à disposition des portions de taille adaptée au type de plat et à chaque classe d'âge. Le **grammage des portions** s'apprécie librement.

« *Si le chef fait lui-même son gâteau au chocolat, le grammage de la part n'est pas limité par la loi. Si, en revanche, c'est un gâteau industriel, la portion devra faire entre 40 et 60 g* », résume Marie-Line Huc avant de rappeler que, même maison, un gâteau est un aliment gras et qu'il est, à ce titre, limité cette fois dans sa fréquence !

L'arrêté du 30 septembre 2011 limite les portions (grammages) des « *produits prêts à consommer préparés par des fournisseurs extérieurs* ». Ce sont en effet généralement des produits gras et sucrés dont il faut limiter la consommation.

LISTE DÉTAILLÉE DES PRODUITS PRÊTS À CONSOMMER PRÉPARÉS PAR DES FOURNISSEURS EXTÉRIEURS DONT LES PORTIONS SONT LIMITÉES PAR LA LOI

- Crêpes, nems, beignets.
- Friands, feuilletés.
- Pizzas, tartes salées.
- Fingers, beignets, nuggets de volaille de 20 g pièce crus (à l'unité).
- Merguez, chipolatas, saucisses de Francfort, de Strasbourg, de Toulouse, de volaille, autres saucisses variées de 50 g pièce crues (à l'unité).

- Boulettes de bœuf, d'agneau, de mouton, ou de mélanges variés de 30 g pièce crues (à l'unité).
- Paupiettes de veau, de volaille, de lapin, cordons bleus, escalopes panées de volaille ou d'autres viandes, steaks hachés de bœuf, hamburgers de bœuf.
- Viande hachée pour bolognaise, steaks hachés de veau, hamburgers de veau, rissolettes de veau.
- Beignets, poissons panés ou enrobés (croquettes, paupiettes...), choucroute, paella, hachis parmentier, brandade, légumes farcis, raviolis, cannellonis, lasagnes, autres plats composés.
- Préparations pâtissières (crêpes, pizzas, croque-monsieur, friands, quiches et autres) servies en plat principal.
- Quenelles.
- Pâtisseries fraîches ou surgelées, à base de pâte à choux, en portions ou à découper, pâtisseries fraîches, surgelées ou déshydratées, en portions, à découper ou à reconstituer.
- Pâtisseries sèches emballées (tout type de biscuits et de gâteaux se conservant à température ambiante), servies en repas principaux.
- Glaces.
- Mousses.

NB : Sans être exhaustive, cette liste est déjà très représentative.

Maintenant que vous avez bien intégré les recommandations du GEM-RCN, voici une information qui va ébranler vos fragiles certitudes : les dispositions non contraignantes du GEM-RCN peuvent le devenir si elles sont imposées de **manière contractuelle** à une société de restauration collective, dans le cas d'une délégation de service public. Il suffit pour cela d'annexer le GEM-RCN dans le cahier des charges. Dans ce cas, les quantités par tranches d'âge, les éléments relatifs au service – initialement de simples recommandations – deviennent obligatoires.

RESPECT DU GEM-RCN

GEM-RCN	Régie directe	DSP
Fréquence	Obligatoire	Obligatoire
Grammage produits industriels listés	Obligatoire	Obligatoire
Grammage produits maison	Simple repère Recommandations laissées à l'appréciation de l'équipe	Simple repère Recommandations laissées à l'appréciation de l'équipe MAIS devient obligatoire si le respect du GEM-RCN est annexé au contrat de sous-traitance
Autres (service, temps du repas, quantités conseillées par tranches d'âge...)	Simple repère Recommandations laissées à l'appréciation de l'équipe	Simple repère Recommandations laissées à l'appréciation de l'équipe MAIS devient obligatoire si le GEM-RCN est annexé au contrat de sous-traitance

LES ALTERNATIVES VÉGÉTALES

Manger de la viande tous les jours est un modèle qui ne sera plus tenable à l'horizon 2050, lorsque la Terre comptera plus de 9 milliards d'individus. Comme le rappelle régulièrement Greenpeace et, avec lui, toutes les associations écolo, les conditions de production des élevages industriels ainsi que les imports massifs et à bas prix de matières premières pour l'alimentation du bétail ont des **conséquences désastreuses** pour la **biosphère**. Dans son rapport « Viandes et produits laitiers : l'État laisserait-il les lobbies contrôler l'assiette de nos enfants ? » (décembre 2017), Greenpeace évoque la détérioration des ressources en eau, la déforestation et l'érosion de la biodiversité, le changement climatique, mais aussi l'augmentation des maladies chroniques d'origine nutritionnelle comme l'obésité et des cancers.

Le 13 novembre 2017, 15 000 scientifiques de 184 pays ont ainsi appelé à réduire notre consommation de protéines animales et à adopter une alimentation « **majoritairement végétale** » pour sauver la planète[86].

Malgré ce constat accablant, les alternatives végétales ne plaisent pas à tout le monde, au sein du GEM-RCN. L'association Greenpeace a dévoilé, dans le rapport cité, un e-mail du 18 novembre 2014 émanant du directeur du CIV (Centre d'information des viandes), Pierre-Michel Rosner. Celui-ci s'émeut auprès de Jean-Claude Bonnevie (service des achats de l'État) de l'arrivée au sein du GEM-RCN de deux associations « promotrices de produits végétaux » au motif qu'elles viendraient compromettre « *l'équilibre nécessaire dans la composition du groupe de travail et la synthèse*

86. http://scientistswarning.forestry.oregonstate.edu/sites/sw/files/Warning_article_with_supp_11-13-17.pdf

des points de vue opérationnels et scientifiques » ! Il se désole ensuite qu'un « *plat constitué à 100 % de protéines végétales [...] ne sera ainsi pas limité en fréquence alors que son homologue intégrant un mélange de plus de 30 % de protéines végétales associé à de la viande, du poisson ou de l'œuf sera en revanche considéré comme un plat "contenant moins de 70 % du grammage recommandé de viande, poisson, œuf" et sera donc limité à une fréquence maximale de 4 repas sur 20.* »

D'après les investigations de Greenpeace, à la suite de l'envoi de ce courriel, la présentation concernant l'**intérêt nutritionnel des protéines végétales** dans les menus aurait été annulée deux jours avant la date prévue « *pour ne pas froisser le CIV, membre historique du groupe de travail GEM-RCN* ».

Greenpeace a effectué un travail de comparaison entre l'apport en protéines conseillé par l'ANSES pour un déjeuner et celui recommandé aux cantines par le GEM-RCN, toujours pour un déjeuner.

La différence est édifiante ! Jugez-en par vous-même :

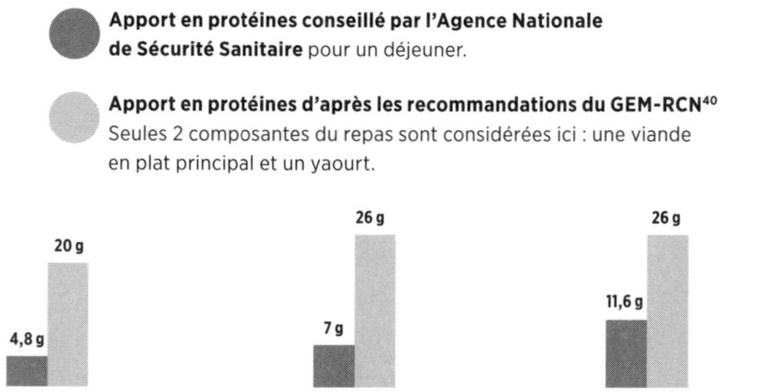

à 11 ans (collège)
la viande et le yaourt recommandés couvrent à eux seuls **224%** des besoins

à 3 ans (maternelle)
la viande et le yaourt recommandés couvrent à eux seuls **416%** des besoins

à 6 ans (primaire)
la viande et le yaourt recommandés couvrent à eux seuls **371%** des besoins

Entre la viande, les produits laitiers et les autres sources de protéines fournies par les composantes végétales du repas (pain, pâtes, légumes…),

> « un menu classique recommandé par le GEM-RCN pour un petit garçon de 6 ans permet donc de couvrir près de 600 % de ses besoins en protéines pour le déjeuner (et près de 370 % des besoins d'un garçon de 11 ans). C'est trop et cela n'est pas sans conséquence sur sa santé », détaille le rapport avant de citer les problèmes de surpoids, d'obésité et l'exposition aux contaminantes de la viande[87].

Qu'en est-il des plats végétariens prévus par le GEM-RCN ?

La recommandation indique que « *le plat protidique végétarien entre dans la catégorie des plats contenant moins de 70 % du grammage recommandé pour la portion de viande, poisson ou œuf dont la fréquence de service est limitée* » à 3 repas maximum sur 20. L'arrêté fixant les grammages, lui, ne calcule pas de la même manière.

Nous avons vu précédemment que, sur 20 repas, il faut prévoir au minimum :

- 4 repas avec, en plat protidique, des viandes non hachées de bœuf, veau, agneau ou des abats de boucherie ;
- 4 repas avec, en plat protidique, du poisson ou une préparation d'au moins 70 % de poisson contenant au moins deux fois plus de protéines que de matières grasses.

Résultat : 8 repas sur 20 doivent comporter de la viande ou du poisson (qui doivent correspondre à des caractéristiques spécifiques).

87. Polluants organiques persistants, mycotoxines, résidus d'antibiotiques, etc.

Or, 20 – 8 = 12. Pour ces 12 repas restants, aucune disposition particulière n'étant fixée quant à la nature du protidique, on peut parfaitement servir des plats végétariens.

L'ENQUÊTE DE GREENPEACE

Le 22 mai 2018, Greenpeace a dévoilé les résultats de son enquête participative sur les cantines scolaires. Il en ressort que 70 % des enfants sont obligés de manger tous les jours de la viande ou du poisson à la cantine. Un chiffre aberrant au regard des impacts sur la santé d'une surconsommation de viande.

Seuls 9 % des écoliers ont accès au moins une fois par semaine à un repas végétarien.

Source : https://www.greenpeace.fr/aumenudescantines/?utm_medium=180522_PushMob_Resultats_enquete_cantines&utm_source=email&utm_campaign=Agri-Elevage

S'il est urgent de passer à la vitesse supérieure, l'offre végétarienne doit toutefois être réfléchie. Les industriels ont bien compris leur intérêt dans cette transition. Autant ils ont mis du temps à prendre le virage du bio, autant ils ont anticipé celui du végétal. Les nuggets, raviolis, boulettes, galettes, steaks et panés à base de céréales et de soja colonisent déjà les pages des catalogues des distributeurs. Lors du Salon de la régie directe en avril 2018, ces produits étaient présents sur tous les stands ou presque. Luc Delahayes, chargé de développement de Restau'co (réseau qui anime la restauration collective en gestion directe), confirme :

> « La gamme végétale compte beaucoup de produits industriels, on ne sait pas intégralement ce qu'il y a dedans. Il faut mettre en place des formations pour travailler ces protéines. Il y a du boulot pour se diriger vers du "fait maison"… ! »

Du boulot ? Dans le 18e, le travail est titanesque. Le lundi 4 juin 2018, dans le cadre d'un menu prétendument « bio et végétarien », les enfants étaient censés manger des pâtes avec une sauce aux légumes et au soja. Le collectif a demandé la fiche technique de ce plat. Il n'a pas été déçu. Non seulement il n'avait rien de bio, mais l'ingrédient principal était de l'eau (29 g de produit au 100 g, c'est 71 g d'eau !), ce n'était pas du soja comme indiqué mais des produits industriels à base de soja (potentiellement arrosés de glyphosate et bourrés d'OGM, allant totalement à l'encontre de l'intitulé du menu) ; il comportait évidemment du sucre, du méthylcellulose – additif alimentaire fabriqué à partir de cellulose de bois –, ainsi que du rouge de betterave, soit un colorant supplémentaire malgré la présence de tomates… Il s'agissait en clair d'un produit nul sur le plan nutritionnel avec, bien sûr, un index glycémique élevé.

Les gammes végétales sont en outre souvent bourrées de chapelure et/ou de fécules pour tirer encore un peu plus les prix vers le bas.

Tout l'enjeu aujourd'hui consiste à **former les cuisiniers**. Un repas végétarien n'est pas un repas sans viande, autrement dit un petit salé aux lentilles duquel on aurait retiré le lard et les saucisses ! Dans le 18e, les repas végétariens riment avec allumettes végétales industrielles (les fameuses !), haricots rouges en sauce mélangés à du riz sec ou à de l'épeautre jeté à la louche, assiette de pommes de terre… Dans certains endroits, les parents qui militaient pour des repas végétariens demandent aujourd'hui le retour de la viande, car leurs gamins mangent encore moins que d'habitude. Tout part à la poubelle. Or, les amateurs de vraie cuisine végétarienne savent combien elle est goûteuse…

Gageons que la publication officielle du PNNS 4 (attendue depuis 2017) fera évoluer les futures recommandations du GEM-RCN concernant les alternatives végétales. Jusqu'alors, ce groupe s'appuyait sur des informations erronées selon lesquelles les légumineuses « *n'apportent pas tous les acides aminés indispensables ou d'une manière limitée* ». Or, le dernier avis du HCSP[88] (dont découlent tous les PNNS) indique que « *les légumineuses peuvent être considérées par ailleurs comme des substituts des viandes et des volailles* ».

LA PORTE OUVERTE AUX LOBBIES ?

Pour Greenpeace, la composition du GEM-RCN pose de sérieux problèmes de gouvernance « *marqués par le sceau des lobbies de la viande et des produits laitiers* ». Sur les 43 personnes censées assister aux sept réunions de l'année, on compte 14 % de personnes issues de la filière viande et lait et 5 % d'industriels pour 2 % seulement de professionnels de la filière bio. Or, il s'avère que, dans les faits, les filières viande et produits laitiers ont fini par peser autant que les nutritionnistes (19 % respectivement), et les industriels ont représenté 6 % de ces participants. La raison en est simple : la participation au GEM-RCN est bénévole. Quand les nutritionnistes indépendants prennent sur leur temps personnel et de consultation pour y participer, les nutritionnistes des filières viande, lait et du monde industriel, a contrario, sont payés par leur employeur pour

88. Avis relatif à la révision des repères alimentaires pour les adultes du futur Programme national nutrition santé 2017-2021 (16 février 2017).

répondre présent et peser ainsi dans les décisions qui seront prises. Ils ont tout intérêt à être là… Selon l'association, ils n'ont pourtant rien à y faire. « *Nous entendons qu'ils puissent être consultés, mais ils ne devraient en aucun cas être représentés* », affirme Laure Ducos, chargée de campagne Agriculture dans cette association.

DE LA THÉORIE À LA PRATIQUE

Le GEM-RCN fixe un cadre très précis en théorie. Il suffit cependant de regarder l'assiette de nos enfants pour constater que son contenu n'est pas toujours conforme au menu annoncé et que les belles fréquences explosent en plein vol. Voici le constat de Marie-Line Huc :

> « Les directions des sociétés de restauration collective comptent de grands experts de la nutrition, qui connaissent bien les recommandations du GEM-RCN. Mais, localement, le responsable d'une unité de production de repas doit tenir compte de multiples contraintes : pression des élus, attentes des parents, critiques des équipes qui encadrent le temps de repas, contraintes matérielles, objectifs financiers… Tout cela peut l'amener progressivement à modifier les grilles de menus. Le plan alimentaire de départ risque de s'effilocher si personne n'assure la vérification du respect du cahier des charges. »

Gare cependant à ne pas faire porter tous les maux de la restauration collective sur les sociétés qui interviennent dans le cadre de la DSP : la régie directe n'a pas forcément valeur d'exemple. « *Certains maires plébiscitent frites, friands et steaks hachés, car les enfants en raffolent ! C'est une garantie pour que les repas ne partent pas à la poubelle !* » remarque la nutritionniste.

LES LIMITES DU GEM-RCN

Le GEM-RCN a du bon. Même les acteurs les plus critiques à son égard reconnaissent qu'il a contribué à freiner l'appétit des industriels de l'agroalimentaire.

> « Cette recommandation a permis de cadrer au minimum et de vaguement limiter la généralisation de la malbouffe en restauration. Mais je regrette sincèrement que ce texte, qui a pour finalité l'amélioration de la qualité nutritionnelle en restauration, n'incite nulle part à cuisiner "maison" à partir d'ingrédients bruts et sains », tempère Valérie Jacquier.

Selon le point de vue de cette nutritionniste, le GEM-RCN inciterait même les préparations industrielles toutes faites, sans se préoccuper de la qualité des ingrédients contenus dans ces aliments (additifs multiples, sucres, matières grasses hydrogénées, OGM). Entre autres…

Taille des portions dans les assiettes

Dans le 18e arrondissement de Paris, les parents du collectif se plaignent régulièrement de la taille des portions. Certains jours, les enfants n'ont rien à se mettre sous la dent ! Cerise sur le plateau : les quantités servies sont les mêmes pour un CP que pour un CM2. En guise de réponse, le délégataire leur ressert chaque fois la même rengaine : « *Nous sommes contraints par les recommandations sur les grammages du GEM-RCN, annexées au cahier des charges.* » Or, pour Marie-Line Huc, c'est une erreur ! Elle développe ainsi :

> « Certes, le GEM-RCN distingue trois classes d'âge – les maternelles, les élémentaires et les adolescents et adultes – mais il ne faut pas oublier qu'il s'agit d'une recommandation pour les **acheteurs**, pas pour les quantités à mettre dans l'assiette ! Cela devient donc un vrai problème quand il est annexé au cahier des charges, car toutes ses dispositions prennent un caractère obligatoire. Le nouveau groupe travaille actuellement sur une fiche technique concernant les grammages de produits non industriels, laquelle préciserait justement qu'ils ne devront pas être annexés, car ils n'ont pas vocation à garnir les plateaux, mais bien à servir de base pour les commandes. Il est évident qu'entre un CP et un CM2, les besoins ne sont pas les mêmes. Le prestataire doit guider ses équipes, quitte à leur fournir des cuillères différentes qui servent de matrice et des balances de précision pour que tous les enfants, quel que soit leur âge, mangent à leur faim. Les grammages ne doivent pas être pris au pied de la lettre… sauf pour les produits industriels ! »

Marie-Line Huc estime en revanche qu'il devrait être systématiquement obligatoire de travailler avec un diététicien-nutritionniste indépendant.

Ces grammages trop stricts posent un autre problème, pointé du doigt par Luc Delahayes, chargé de développement de Restau'co :

« La viande est un produit cher. Pour coller aux recommandations, certaines collectivités vont privilégier les morceaux bas de gamme, autrement dit des morceaux pleins de gras. On se retrouve finalement avec un poids conforme, mais rien ou presque n'est mangeable dans l'assiette, et tout part à la poubelle. Il est beaucoup plus pertinent d'acheter un morceau noble, certes plus cher, mais d'en proposer quelques grammes en moins aux enfants pour s'y retrouver sur le plan financier. »

Les stratégies mises en place par les industriels pour contourner la réglementation

Le but des industriels, c'est d'arroser les assiettes de nos enfants de leurs produits ultratransformés. Les recommandations du GEM-RCN sont donc pour eux un obstacle à contourner. Créatifs, ils se sont mis à inventer de **nouvelles recettes** qui leur permettent d'accéder plus facilement aux plateaux de nos gamins. Cas particulièrement révélateur : le cordon bleu. Pas besoin d'être diététicien pour savoir qu'il s'agit d'un produit gras (plus de 15 % de matières grasses), selon le GEM-RCN. Qu'à cela ne tienne ! Ils ont fabriqué des cordons bleus à un peu moins de 15 % de matières grasses en ajoutant de la peau et de la chair de volaille. « Moins gras », ils échappent donc aux limites de fréquence... Même topo pour les yaourts aromatisés. Ceux contenant plus de 20 g de sucre sont limités ? Il suffit de n'en mettre que 19,9 g et le tour est joué !

L'inventivité du monde agroalimentaire ne s'arrête pas là ! Pour atteindre cette fois la **teneur en calcium** requise (100 mg/portion), ils ajoutent un additif (du phosphate de calcium) à leurs spécialités fromagères chimiques et desserts lactés afin de les enrichir artificiellement et les faire entrer ainsi dans la case « entre 100 et 150 mg ». Cette stratégie vise bien sûr à séduire le gestionnaire, qui n'a plus qu'à lire l'étiquette. Peu importe que le calcium vienne d'un peu de poudre mélangée à de l'eau puisqu'on vous dit que le compte est bon ! Tant pis pour les fromages artisanaux.

Valérie Jacquier s'en alarme :

> « Nous habitons le pays le plus riche en fromages, et pourtant quelle tristesse de constater que les enfants sont bombardés de "spécialités laitières" (seul nom légal) enrichies du type Vache qui rit parce qu'elles coûtent nettement moins cher qu'un vrai fromage ! Ces deux types de produits n'ont rien à voir : l'un contient de multiples ingrédients (raclures de fromages, lait écrémé, beurre, protéines de lait… et du calcium ajouté sous forme de polyphosphates, préjudiciables à la santé), alors que les fromages contiennent les facteurs nutritionnels du lait seulement dans une matrice reconnue par l'organisme et donc biodisponible. Quel gâchis en termes de qualité nutritionnelle et de promotion du goût ! En favorisant à large échelle ces produits ultratransformés de mauvaise qualité, on contribue à uniformiser les saveurs. C'est une vraie barrière à l'éducation au goût et à la diversité alimentaire, d'autant que ces pratiques ciblent les enfants dès leur plus jeune âge. »

Concernant les **desserts lactés**, la situation n'est pas plus réjouissante. Aussi aguerri soit-il, un chef est incapable de déterminer la quantité exacte de calcium et de sucre du dessert qu'il vient de préparer. Bilan des courses, le gestionnaire opte pour l'équivalent ultratransformé, joliment emballé, dont la teneur en calcium et en sucre est parfaitement calibrée pour « coller » aux recommandations du GEM-RCN.

> « Finalement, c'est la fiche technique du produit qui sert de garde-fou et permet de se protéger vis-à-vis des textes réglementaires. On envisage le produit par le petit bout de la lorgnette, tout le monde cautionne et ferme les yeux… au détriment de la santé des enfants », termine la nutritionniste.

Une porte de sortie est peut-être en train de s'ouvrir du côté de l'EFSA. L'Autorité européenne de sécurité des aliments réévalue actuellement tous les **additifs alimentaires** approuvés avant janvier 2009 en Union européenne.

La valeur nutritionnelle, une donnée insuffisante

Certes, la recommandation du GEM-RCN a le mérite d'exister… Mais, selon Valérie Jacquier, elle n'est pas suffisante :

> « Il est impératif d'aller plus loin, d'être exigeant et précis quant aux recommandations nutritionnelles en restauration collective et particulièrement concernant la qualité globale des ingrédients et des recettes des produits industriels servis. En lieu et place, l'attention est focalisée sur la valeur nutritionnelle "affichée" des produits alimentaires transformés, ce qui est loin d'être un critère objectif et suffisant pour garantir une alimentation "nourricière" durable et responsable, et que les enfants l'apprécient à sa juste valeur… »

> *« La valeur nutritionnelle correspond à la valeur énergétique des aliments, mais aussi à leur teneur en glucides, lipides, protéines, vitamines, minéraux et autres oligoéléments. »*
>
> Source : Medisite

Des propos que partage totalement le chercheur Anthony Fardet, interrogé en novembre 2017 par le site La Nutrition[89] :

> « La valeur nutritionnelle ne voit les aliments que comme une somme de nutriments (sucre, graisses, sel…) au lieu de les voir dans leur globalité. Autre défaut : elle ne prend pas en compte les additifs présents dans les produits. Les aliments sont certes un ensemble de nutriments, mais pas uniquement. Par exemple, 500 calories d'un aliment peu transformé et 500 calories d'un aliment ultratransformé ne vont pas avoir la même répercussion sur la santé ! »

Et de citer l'exemple des amandes :

> « Consommées entières ou broyées, elles ne libèrent pas la même quantité de graisses dans l'organisme et pas à la même vitesse. Le problème, ce ne sont ni les graisses ni les glucides ou les protéines, mais plutôt le véhicule de ces nutriments, à savoir la matrice alimentaire : est-elle ultratransformée ou pas ? »

89. https://www.lanutrition.fr/anthony-fardet-le-nutri-score-ne-fera-pas-baisser-lobesite

LES LACUNES DES POLITIQUES PUBLIQUES

D'après le décret et l'arrêté du 30 septembre 2011, sur 20 repas, les crudités, les fruits, la viande non hachée et le poisson, du fait de leurs qualités nutritionnelles, doivent être proposés un nombre minimal de fois ; a contrario, les aliments trop gras et/ou sucrés doivent être limités

La réglementation en revanche ne précise pas la manière dont sont construits les **menus à choix multiples**. Si ces derniers restent rares en primaire, ils sont fréquents dans le secondaire (et notamment au lycée). En 2013, une enquête de l'UFC-Que Choisir a montré que, trop souvent, les choix étaient mal conçus : crudités ou charcuterie ; poisson ou nuggets ; fruit ou gâteau. Les élèves ont ainsi la possibilité de ne manger ni crudités, ni poisson, ni viande en muscle, au fil des jours !

Fin novembre 2017, l'Union fédérale des consommateurs est revenue à la charge avec une nouvelle enquête : « Équilibre nutritionnel dans les collèges et lycées ». Ses conclusions ne sont guère encourageantes :

> « Quatre ans après la précédente enquête, force est de constater que la plupart des établissements enquêtés n'ont fait aucun progrès sur la construction des choix dans leurs menus. [...] Dans une très grande majorité des menus, les aliments de bonne valeur nutritionnelle sont proposés au choix avec des aliments de moindre qualité. Parfois même, les autres aliments proposés sont ceux pour lesquels la réglementation demande de limiter la consommation, du fait de teneurs élevées en gras, en sel ou en sucre. [...] Ces choix de menus mal conçus ont pour effet d'orienter les élèves vers des produits de moindre qualité nutritionnelle. »

Mais que fait le GEM-RCN ? En l'espèce, le législateur n'a pas jugé utile de reprendre à son compte ses recommandations en la matière :

« *Le GEM-RCN suggère le choix dirigé, autrement dit des plats équivalents nutritionnellement pour une catégorie donnée d'aliments* », répond Marie-Line Huc. En clair, il faudrait proposer carottes râpées ou concombre le lundi, friand ou salade piémontaise (pommes de terre, mayonnaise, tomate, jambon) le mardi et ainsi de suite (mais pas carottes râpées ou friand le même jour). En procédant ainsi, on incite les équipes de cuisine à mettre en valeur les légumes crus de saison (achats locaux, achats bio) et à encourager les adolescents à les découvrir.

Si le GEM-RCN est annexé au cahier des charges (ou que ce document intègre la nécessité du choix dirigé), cette recommandation devient opposable au prestataire, qui ne peut pas s'y soustraire.

Mais, en dehors de cette hypothèse, le **choix dirigé** n'ayant pas été repris par les textes de septembre 2011, il est potentiellement superfétatoire. Problématique, l'option laissée au personnel entraîne un second écueil, constaté par notre nutritionniste :

> « Pour ne pas gaspiller, le cuisinier va devoir estimer la popularité de chacun des choix proposés. Consciemment ou pas, il va projeter ses propres perceptions. Dans un menu qui propose une salade piémontaise et un duo de choux, il va préparer 80 % de piémontaise contre 20 % de choux. Il sera donc difficile de compter sur l'école pour initier les jeunes aux aliments non transformés, aliments frais de saison, issus de productions locales, comme évoqués dans les plans successifs des politiques nationales (santé, agriculture, éducation nationale). »

CANTINE ET ALLERGIES ALIMENTAIRES

D'après un article du *Figaro*, les allergies alimentaires ont doublé en cinq ans et concerneraient 8 % des enfants[90]. À qui la faute? À ce stade du livre, la réponse s'impose d'elle-même.

Mais comment faire si votre enfant est concerné et que vous n'avez pas la possibilité de le récupérer ni de le faire garder? La circulaire 99-181 du 10 novembre 1999 introduit la possibilité pour les familles de fournir à l'enfant allergique un **panier-repas**.

90. http://sante.lefigaro.fr/actualite/2015/08/07/24002-allergies-alimentaires-sont-elles-progression

> « *L'allergie alimentaire se définit par des symptômes survenant uniquement après l'ingestion d'un aliment. Les principaux allergènes alimentaires sont les œufs, l'arachide, les noix, le lait de vache et les poissons. Chez les enfants, ils peuvent aussi survenir après un contact cutané ou une inhalation.* »
>
> Source : « Allergie alimentaire de l'enfant : PAI et restauration collective », Marie-Claude Romano, dans *Revue de santé scolaire et universitaire*, sept.-oct. 2013, n° 23, http://www.afpssu.com/wp-content/uploads/2014/04/allergie-et-PAI.pdf

La France n'étant pas les États-Unis, il n'est pas possible que Junior débarque du jour au lendemain avec sa *lunch box* sous le bras. Il faut d'abord mettre en place un PAI, autrement dit un **projet d'accueil individualisé**. Ce document de concertation, de planification et d'organisation définit les adaptations apportées à la scolarité de l'enfant.

Le point 3.2 de la circulaire 2001-118 du 25 juin 2001[91] sur la composition des repas servis en restauration scolaire en précise les modalités :

> « Lors de la rédaction du projet d'accueil individualisé, l'accent doit être mis sur trois points essentiels. La famille assume la pleine et entière responsabilité de la fourniture du repas (composants, couverts, conditionnements et contenants nécessaires au transport et au stockage de l'ensemble). Tous ces éléments du repas doivent être parfaitement identifiés pour éviter toute erreur ou substitution. Enfin, la chaîne du froid doit être impérativement

91. http://circulaire.legifrance.gouv.fr/pdf/2009/04/cir_1678.pdf

respectée, de la fabrication (ou l'achat) du repas par la famille jusqu'à sa présentation à l'enfant lors du déjeuner à l'école. À cet effet, le panier-repas doit être immédiatement stocké au froid dès l'arrivée de l'élève. Un réfrigérateur et un micro-ondes spécifiques ne sont pas nécessaires. »

LE PAI EN PRATIQUE

Le PAI est un protocole établi par écrit entre les parents, le responsable d'établissement scolaire (en concertation avec l'équipe éducative), le médecin scolaire (en concertation avec le médecin traitant), le maire ou son représentant, qui a pour objet d'organiser, dans le respect des compétences de chacun et compte tenu des besoins spécifiques de l'enfant, les modalités particulières de son accueil et de fixer les conditions d'intervention des différents partenaires.

Y sont notamment précisés : les régimes alimentaires; les conditions des prises de repas; les interventions médicales, paramédicales ou de soutien, leur fréquence, leur durée, leur contenu, les méthodes et les aménagements souhaités

Le PAI est élaboré, à la demande de la famille, ou à l'initiative de l'équipe éducative ou du chef d'établissement scolaire (avec l'accord de la famille et sa participation), en concertation étroite avec le médecin scolaire, à partir des besoins thérapeutiques précisés dans l'ordonnance signée du médecin qui suit l'enfant dans le cadre de sa pathologie (adressée sous pli cacheté au médecin scolaire).

Source : https://allergies.afpral.fr/allergie/reglementation/pai/118-le-p-a-i-n-est-pas-une-loi

GASPILLAGE

Si vous êtes arrivé jusqu'ici sans sauter de pages, vous aurez constaté que la question du gaspillage a été traitée au cours de différents chapitres. Je n'y reviendrai donc pas.

Je voudrais en revanche évoquer d'autres aspects.

Les enfants qui déjeunent à la cantine gâchent. Ils gâchent même beaucoup. Pour reprendre les chiffres de l'ADEME[92], dans un restaurant servant 500 convives en moyenne 200 jours sur une année, le gaspillage représente entre **15 et 20 tonnes par an**, soit, en termes de budget, entre 30 000 et 40 000 € par an de produits jetés. À une époque où les Restos du cœur distribuent plus de 350 000[93] repas annuels et où 815 millions[94] de personnes, soit 11 % de la population mondiale, souffrent de la faim dans le monde, c'est une gabegie.

---

92. http://www.ademe.fr/sites/default/files/assets/documents/reduire-gaspillage-alimentaire-en-restauration-collective_010256.pdf
93. https://www.lanouvellerepublique.fr/actu/les-restos-du-coeur-ne-cessent-d-etre-sollicites
94. http://www.who.int/fr/news-room/detail/15-09-2017-world-hunger-again-on-the-rise-driven-by-conflict-and-climate-change-new-un-report-says

Mais maintenant que nous savons ce qui est servi à nos petits, comment leur jeter la pierre ? Lorsque je décrypte les fiches nutritionnelles des plats servis à ma fille, que je compte la liste des additifs, la quantité de sucre... je me surprends à espérer qu'elle a gâché son repas ! Certains enfants se voient même interdire de manger la viande servie à la cantine. Le souvenir de la vache folle plane toujours au-dessus de la tête des parents inquiets.

À eux aussi, il semble difficile de jeter la pierre. Mouans-Sartoux est passé au bœuf bio dès 1999, au lendemain de ce énième scandale sanitaire. Mais à la différence de nombreuses collectivités, elle n'est jamais revenue en arrière. Les élus ont appliqué le **principe de précaution**. Ils ne sont pas tombés dans le piège de l'effet d'annonce. Combien de maires, de présidents de conseil général, de présidents de conseil régional peuvent en dire autant ?

Qui sont les plus gros gâcheurs ? D'après Luc Delahayes, de Restau'co, il s'agit des restaurants satellites. Or, qui dit restaurant satellite dit forcément cuisine centrale. CQFD. Ce spécialiste de la question du gaspillage alimentaire pointe cependant un problème sans rapport avec celui de la qualité des produits : les **restes alimentaires**.

> « Les restes ne peuvent pas être réexpédiés en cuisine centrale pour être intégrés dans une nouvelle recette, comme c'est le cas dans une cuisine de préparation sur place. Résultats, ils sont jetés avec les déchets. Pour éviter les restes, il faut donc ajuster au mieux. 50 repas par jour de moins non comptabilisés, c'est 15 000 € de produits bruts qui partent à la poubelle. »

Les collectivités qui enregistrent au jour le jour les demi-pensionnaires s'exposent donc à un surplus de gâchis et à du personnel qui fait grise mine. Personne n'a envie de manipuler des sacs-poubelle supplémentaires.

TÉMOIGNAGES

CANTINES QUI RIENT : CES CHEFS QUI DONNENT LA BANANE

MAURICE HAUTEVILLE
CHEF AU COLLÈGE LAMARTINE À HOUILLES (78)
500 COUVERTS

J'ai une formation très classique : j'ai fait mes armes à l'école hôtelière; je suis sorti major de ma promo. J'ai ensuite travaillé dans divers restaurants. Un jour, je me suis dit : « Cette cuisine, pourquoi devrait-on la réserver aux seuls particuliers? » J'avais envie d'apporter mon savoir-faire aux enfants et de montrer qu'on peut bien manger à la cantine. Certes, il faut apprendre à travailler avec des budgets hyperserrés, mais cette contrainte n'empêche pas de bien cuisiner. Le secret? Des produits frais et de la simplicité. Plus on complique les plats et moins les enfants comprennent ce qu'ils ont dans l'assiette!

Les fonds de sauce, je ne connais pas! D'abord ça coûte cher et, ensuite, c'est insipide. Rien ne remplace de l'ail et des oignons…

Quand j'ai envie de faire du poisson, j'achète des filets frais que j'assaisonne avec de la crème, du curcuma, de l'ail et du persil frais. Croyez-moi, les gosses en sont friands ! Je n'ai aucun problème à leur en faire avaler, alors que, dans beaucoup de cantines, ils font la soupe à la grimace dès qu'on prononce le mot « colin » ou « merlu ».

Les légumes, c'est pareil. Lorsque je suis arrivé, ils n'en mangeaient pas beaucoup. Le beurre, l'ail et le persil ont eu raison de leurs protestations. La façon de présenter compte aussi beaucoup. Je ne suis pas un chef qui reste cloîtré dans sa cuisine. Durant le service, je présente le plat à mes jeunes convives. Si je m'aperçois qu'ils se bloquent, je leur demande de goûter et de me dire ce qu'ils en pensent. Le goût se façonne aussi par le dialogue.

CHRISTOPHE DEMANGEL
CHEF AU COLLÈGE JULES-GRÉVY À POLIGNY (39)
430 COUVERTS

Dans notre établissement, nous servons 80 % de préparations maison. 50 % des produits sont issus de circuits courts dont 30 % de bio et locaux. Nous avons des ruches et des pommiers. Pour la viande, nous achetons les bêtes sur pied. Nous achetons même des moutons qu'on élève ! Les enfants savent qu'il faut donner du temps au temps. Nous proposons aux enfants une alternative à l'agroalimentaire. Nous portons une attention particulière à l'éducation au goût. C'est tout bête, mais quand un enfant boude un plat, on lui demande juste de goûter avec le bout arrondi du couteau. Dans la plupart des cas, il change d'avis et il est plus facile de lui servir une louche. Je participe d'ailleurs au service. On échange des mots, des sourires, des petits clins d'œil. On n'est pas dans une étable avec des cochons à qui on file de la merde, non !

Le comble, c'est qu'une fois, ma hiérarchie m'a dit que je dépassais le temps de la durée de service. C'est vrai mais, au moins, les gosses avaient pris le temps de manger !

Nous sommes aussi très sensibles au gaspillage. Nous avons d'ailleurs mis en place un dispositif qui s'appelle « l'appétit net ». Ce sont les enfants qui décident de la quantité voulue dans leur assiette. Depuis, nous avons réduit les déchets de 50 % et fait baisser notre volume de production initiale de 10 %. Bilan des courses : non seulement l'argent ne part plus à la poubelle, mais avec les économies, nous achetons des produits de meilleure qualité. Comme dirait Paul Bocuse, il ne peut pas y avoir de bonne cuisine sans bons produits.

Pour réduire le gâchis de pain, nous avons installé un grand bac transparent dans le réfectoire. Je mets tout le pain gaspillé dedans pour que les enfants prennent conscience du volume représenté et donc des économies qui n'ont pas pu être réalisées.

À la fin du service, une équipe d'enfants aide au tri des déchets, qui partent ensuite au compost. C'est l'occasion de faire un point avec eux. Selon la quantité jetée, je les interroge : est-ce que le cuisinier a mal cuisiné ? Ont-ils eu les yeux plus gros que le ventre ?

CANTINES QUI PLEURENT : DES CANTINIÈRES ÉCŒURÉES

AURÉLIE

Avant de devenir assistante maternelle, j'ai travaillé quelques années dans des crèches et en écoles maternelle et primaire. J'ai été en poste en Seine-et-Marne (77) et en Seine-Saint-Denis (93). Selon les établissements, j'ai été dame de cantine (je servais les plats posés sur un gros chariot), surveillante et ATSEM (Agent territorial spécialisé des maternelles). J'ai pu observer la cantine par différents prismes.

Je dois aux grosses SRC – Sodexo et compagnie – mes pires expériences gustatives. En tant que surveillante, je n'étais pas obligée de déjeuner avec les enfants. Une chance pour moi ! J'emportais ma gamelle tous les midis. Les petits étaient moins vernis : ils étaient biberonnés à des plats infects sous barquette ! On ne leur servait que de la nourriture noyée dans des sauces industrielles. Côté dessert, ce n'était pas mieux : yaourts bas de gamme, pâtisseries très sucrées, salades de fruits gorgées de sirop…

La situation s'est corsée lorsque je suis devenue ATSEM d'une autre maternelle dont la cuisine était également exploitée par une SRC leader de la restauration scolaire. J'étais obligée d'avaler des purées industrielles, de la viande pleine de gras, des poissons blancs très fades eux aussi baignés de sauce ou panés, des fromages sous vide… Le gâchis était énorme. Les gamins ne mangeaient rien, tout partait à la poubelle. Ils se rattrapaient comme ils pouvaient à quatre heures en dévorant tout ce qui leur tombait sous la main.

Je compensais le soir grâce aux légumes du potager de mes beaux-parents. Je me préparais de bonnes soupes maison !

La nourriture industrielle avait un impact très négatif sur ma santé. À l'époque, je souffrais de polyarthrite et j'étais sous traitement. J'ai progressivement revu toute mon alimentation. Aujourd'hui, je suis végétarienne, et j'ai supprimé le lactose et le gluten. En l'espace de trois mois, tous mes symptômes ont disparu, sans le moindre médicament. Mon médecin ne comprend toujours pas comment c'est possible. Une chose est sûre, on ne me fera jamais plus manger dans une cantine pareille !

Lorsque je suis devenue maman et que mon fils a été scolarisé en maternelle, j'ai cherché à compenser aussi le soir pour lui. Et comme il n'était pas très fan d'œufs, j'ai demandé aux cantinières de ne pas lui en servir. Je n'avais pas envie qu'il en soit définitivement dégoûté car, à la cantine, les œufs durs équivalent à du plastique recouvert de mayo industrielle et les omelettes sont fabriquées à base de poudre. Dès que mon emploi du temps me le permettait, je le faisais déjeuner à la maison. Pour son entrée en primaire, je l'ai inscrit dans le privé. Dans sa nouvelle école, les menus sont plus équilibrés…

NAWËL

Je suis animatrice dans une maternelle parisienne du 18e arrondissement de Paris et auxiliaire de vie scolaire dans un établissement privé du 12e. Entre les deux, c'est le jour et la nuit, pourtant c'est un prestataire extérieur qui travaille en liaison froide dans ces deux endroits.

Dans le premier, les quantités sont insuffisantes, et c'est infect! Les enfants boudent leur assiette. Il faut dire que rien n'a de goût, surtout le poisson, et ce malgré les sauces qui enrobent toute la nourriture. C'est de la bouffe industrielle cuisinée n'importe comment. Même un cuisinier débutant cuisinerait mieux que ça! Le gâchis est énorme. La facture est salée pour les parents qui sont en tarif 3 à 8! Lorsque je regarde le site Internet du délégataire [Sogeres, N.D.A.], j'ai envie de rire. Des cuisses de poulet et des légumes bien cuisinés comme sur les photos, je n'en ai jamais vu dans les assiettes des petits. Tout est mixé, broyé... Le goûter, c'est du pain avec toujours la même confiture de fraise ou du miel premier prix et une demi-banane, quel que soit l'âge du gosse. C'est à se demander s'ils n'achètent pas tout chez Métro et qu'ils ajoutent ensuite leur emballage! Et puis c'est le même menu qui revient en boucle. Bis, bis, bis! En revanche, les jours de fête, il n'y a rien.

Dans l'établissement du 12e, en revanche, les repas sont variés et de bonne qualité; pourtant, c'est également un prestataire extérieur en liaison froide...

ÉVALUER SA CANTINE

ECOCERT

Ecocert est un organisme de contrôle et de certification qui existe depuis une trentaine d'années. En 2013, cette entreprise a créé le label Ecocert « En cuisine[95] », premier cahier des charges français pour une restauration collective plus bio, plus locale, plus saine, plus durable. Ce label se décline en trois niveaux : « engagé », « concerné », « exemplaire ».

	Niveau 1	Niveau 2	Niveau 3
+ bio	**10% de bio** et 10 composantes par mois	**30% de bio** et 30 composantes par mois	**50% de bio** et 50 composantes par mois
+ local	**Au moins 1** composante bio et locale de la fourche à la fourchette par mois	**Au moins 4** composantes bio et locale de la fourche à la fourchette par mois	**Au moins 10** composantes bio et locale de la fourche à la fourchette par mois
+ sain	**Des menus clairs et contrôlés Pas d'OGM Des additifs interdits**	+ **Formation** Des cuisiniers + de consommation de **fruits et légumes de saison**	+ Graisses hydrogénées **interdites** + de céréales **complètes** + repas cuisinés **sur place**
+ durable	Sensibilisation à **l'écologie** et au **gaspillage**	+ Lutte **anti-gaspillage** + Gestion globale des **déchets** + 1 action écologique (au choix)	+ Éco-détergents et **vaisselle** + au moins 1 nouvelle action écologique (au choix)

95. http://labelbiocantine.com/

Tous les ans, l'organisme effectue des contrôles sur site. « *Nous demandons toutes les pièces justificatives, des factures aux étiquettes en passant par les menus, et nous vérifions que tout est conforme. Ces audits durent entre trois et quatre heures* », informe Lise Pujos, ambassadrice Ecocert du label « En Cuisine ».

Parce qu'elle s'appuie sur des données précises et chiffrées, cette certification présente l'avantage de situer exactement telle ou telle cantine et d'identifier les marges de progrès pour la faire monter en gamme.

MON RESTAU RESPONSABLE

Mon Restau responsable[96] a été lancé en juin 2016 sous la double houlette de la Fondation Nicolas-Hulot et de Restau'co. De très nombreux acteurs et plateformes gravitent autour, dont la FNAB, Commerce équitable France, l'Association des maires de France… Il s'agit d'un outil destiné à aider les restaurants collectifs qui souhaitent proposer à leurs convives une cuisine saine, de qualité et respectueuse de l'environnement. Les parents peuvent aussi s'en emparer en en parlant à leurs élus. Aux Lilas, c'est notamment ce qui s'est passé une fois la hache de guerre enterrée avec le collectif ! Les élus ont attendu le renouvellement de l'appel d'offres 2017 pour démarrer sur de nouvelles bases, en prenant des engagements responsables.

96. http://www.restauration-collective-responsable.org

LA DÉMARCHE*

1. Le restaurant qui souhaite s'engager complète un autoquestionnaire d'évaluation pour faire le point sur ses pratiques en matière de développement durable. Il voit ainsi ses points forts et ceux à améliorer.

2. Un responsable de la restauration collective déjà engagé dans cette démarche effectue une visite technique dans le restaurant pour échanger autour des pratiques.

3. L'équipe du restaurant se réunit pour réfléchir collectivement à des pistes d'amélioration (qualité et préparation des aliments, accueil, aspect éducatif des repas, prévention du gaspillage, formation du personnel, utilisation de produits d'entretien respectueux de l'environnement).

4. Le restaurant invite différents acteurs (convives, producteurs locaux, élus, associations) à une séance publique d'engagement et présente les pistes d'amélioration choisies. À ce stade, il peut bénéficier du logo « Mon Restau responsable ».

5. Le restaurant a entre six mois et deux ans pour tenir ses engagements.

6. Quand il estime avoir été au bout de ses engagements, le restaurant remplit à nouveau l'autoquestionnaire et reçoit une seconde visite technique pour évaluer sa progression et envisager de nouvelles pistes d'amélioration.

7. Le restaurant envisage une séance participative de garantie durant laquelle les différents acteurs décident collectivement si le restaurant a réellement progressé.
a) S'il a réellement progressé, il reçoit une garantie qui sera réévaluée tous les deux ans. Il doit poursuivre ses efforts ou s'engager sur de nouvelles pistes d'amélioration pour conserver la garantie.
b) S'il n'a pas progressé et/ou qu'il reçoit moins de la moitié du vote, il ne peut plus utiliser le logo pendant un an et doit continuer à travailler.

* https://www.youtube.com/watch?list=PLh--7obE3XQ5hwOhyacA-sOc7PLMneP7-N&time_continue=165&v=Eo7AZvPE_MA

VOUS POUVEZ AGIR !

CRÉER OU REJOINDRE UN COLLECTIF DE PARENTS

Au fil des pages de ce livre, vous avez beaucoup entendu parler du collectif « Les enfants du 18 mangent ça ». Cantine sans plastique France et ses antennes régionales ont également été citées. Il en existe beaucoup d'autres. Partout en France, des parents s'organisent pour faire bouger les lignes. Certains militent pour introduire plus de bio sur le plateau, d'autres pour éradiquer les barquettes en plastique, d'autres encore pour repasser en régie directe… Tous les combats méritent d'être menés !

Durant mon enquête, j'ai rencontré Isabelle Bretegnier, une femme incroyable à l'origine du collectif « **Pas d'usine, on cuisine** », aux Lilas (93). À l'époque où elle s'est intéressée à l'assiette de ses rejetons, le service de restauration collective était délégué à Elior et il fallait être membre de la FCPE pour déjeuner à la cantine ! Qu'à cela ne tienne, cette maman a payé son adhésion et a participé aux commissions Restauration. Petit à petit, elle a rencontré d'autres parents, point de départ du collectif. « *Nous avons cherché à comprendre comment fonctionne la restauration collective, nous* *sommes allés observer des régies exemplaires, nous avons rencontré des chargés de mission de la FNAB* », énumère-t-elle.

La phase de compréhension est immédiatement suivie d'une phase de communication. Le collectif organise une projection publique du documentaire *Nos enfants nous accuseront*, de Jean-Paul Jaud. À cette occasion, ils invitent le maire d'une de ces fameuses « communes exemplaires », Édouard Chaulet, de Barjac (30), une chargée de mission de la FNAB, un cuisinier de cantine scolaire pionnier dans le bio, etc. « *Nous étions présents partout, lors des brocantes, des kermesses, pour augmenter notre visibilité. On a fait une pétition, écrit un manifeste pour éveiller les consciences sur la santé et pointer du doigt la puissance de cette restauration collective* », se souvient Isabelle.

Le véritable tournant a lieu en 2015, en pleine **COP 21**. En mai de cette année-là, le collectif décide d'organiser la Journée de la transition citoyenne en partenariat avec Alternativa[97] et la Fondation Nicolas-Hulot. Au programme, village associatif et débats politiques sur l'énergie et l'alimentation. « *Nous avions invité toutes les sensibilités politiques. Face à l'ampleur de l'événement, le maire n'était plus en mesure de refuser de participer* », raconte-t-elle.

Le collectif profite de cette prise de parole publique pour proposer à la mairie la certification Ecocert de la cantine. Face à la pression citoyenne grandissante, les élus s'y engagent. Un an plus tard, les cantines des Lilas bénéficient du 1er niveau de labellisation. Cerise sur le *carrot cake*, le travail de « Pas d'usine, on cuisine » est récompensé en novembre 2016 par le premier prix de l'engagement citoyen des Victoires des cantines rebelles ! Ce prix a fait boule de neige et a participé à l'éveil des consciences d'autres parents sur

97. https://alternativa.fr/

ce territoire. Au moment du renouvellement de l'appel d'offres, le collectif a travaillé sur le contenu du cahier des charges et a permis d'en élever le niveau de qualité (introduction d'un repas végétarien par mois, suppression des œufs de poules élevées en batterie...).

L'association Cantine sans plastique est née d'un collectif de parents à Bordeaux. Malgré son jeune âge, c'est devenu un réseau national qui a des relais sur tout le territoire, dans des grandes villes (Bordeaux évidemment, mais aussi Montpellier, Strasbourg, Nantes, Pau...) ainsi que dans des groupes plus locaux (Paris 18...). Cette association est à l'origine de la suppression des assiettes en plastique et continue de se battre pour mettre fin aux barquettes.

Ce sont également des parents qui ont sensibilisé la ville de Strasbourg à ce problème. Sous leur impulsion, la métropole a imposé à son prestataire (Elior) de passer à l'Inox, après la réalisation de travaux d'aménagement.

CANTINES REBELLES

Le réseau Un plus bio a mis en place les Victoires des cantines rebelles, un événement qui met en avant les politiques alimentaires innovantes des territoires engagés vers plus de bio et de local. Chaque année, ces victoires récompensent trois catégories de participants :

- **« Ma cantine est bio et locale »**
Pour les collectivités et structures qui servent de moins de 1 000 à plus de 5 000 repas par jour.

- **« Je fais bouger ma cantine »**
Pour les collectifs citoyens, particuliers et associations qui militent pour un changement alimentaire sur leur territoire.

→

- **« Ma cantine prend de la graine »**

Pour les collectivités et structures engagées dans la promotion des protéines végétales en restauration collective.

Pour participer, rien de plus simple : il suffit de se rendre sur http://www.unplusbio.org/inscrivez-vous-aux-victoires-des-cantines-rebelles-2018/ et de télécharger le formulaire de la catégorie concernée.

La troisième édition de ces victoires est programmée le 7 novembre 2018 à l'hôtel de ville de Paris.

SE FAIRE ACCOMPAGNER

Les cantines scolaires sont bien un sujet dans l'air du temps ! Des organisations planchent sur des outils à destination des parents. Petit florilège non exhaustif.

CANTINES BIO : LE GUIDE PRATIQUE DES PARENTS

Ce guide pratique* réalisé par Un plus bio décrypte la question du bio dans les cantines scolaires et délivre des conseils pratiques pour intervenir auprès des élus.

* http://www.unplusbio.org/wp-content/uploads/2016/11/Cantines-Bio-Guide-pratique-des-parents-Un-Plus-Bio.pdf

FICHE CANTINES BIO

Élaborée par l'association Générations futures, cette fiche* aiguille les parents vers toutes les ressources nécessaires pour répondre à leurs questions. Ils sont ensuite plus à même de convaincre que des cantines 100 % bio – et parfois même local –, c'est possible !

* https://www.generations-futures.fr/wp-content/uploads/2017/09/fiche-cantine-bio_finale.pdf

LES KITS DE MOBILISATION DE GREENPEACE

Avant l'été, Greenpeace a lancé une cartographie*1 des menus des cantines pour pointer du doigt la (trop grande) consommation de viande et de poisson.

À l'automne 2018, l'association devrait mettre en ligne des kits de mobilisation sur son site Internet*2. Téléchargeables, ils comporteront une lettre de demande de rendez-vous au maire, un modèle de préparation au rendez-vous politique, les cinq arguments clés à avoir en tête et une fiche de questions/réponses.

*1 https://www.greenpeace.fr/aumenudescantines/?utm_medium=180522_PushMob_Resultats_enquete_cantines&utm_source=email&utm_campaign=Agri-Elevage

*2 https://www.greenpeace.fr/

LE (FUTUR) SITE WEB DES CANTINES VEGGIES

« Cantines veggies » est un département de l'Association végétarienne de France (AVF)*. Il travaille actuellement à la mise en place d'un site Internet (en ligne d'ici à la fin de l'année 2018, information à surveiller).

Cet outil abordera la question des menus végétariens dans les cantines scolaires. Les parents y trouveront :

- des informations réglementaires et juridiques (rien n'oblige une collectivité à ne pas servir de viande ! Les usagers ont très peu de recours) ;
- des conseils pour négocier avec les élus ;
- des repères nutritionnels ;
- des procédures d'accompagnement type.

Les influenceurs, décideurs, experts, élus, responsables de collectivités, gestionnaires et cuisiniers y trouveront également une multitude d'informations.

* https://www.vegetarisme.fr/
E-mail : cantinesveggies@vegetarisme.fr (à utiliser avec parcimonie !)

Si vous appartenez à un collectif existant ou en création, vous pourrez accéder beaucoup plus facilement aux personnes ressources des associations citées et bénéficier d'un accompagnement plus personnalisé.

PESER DANS LA RÉDACTION DU CAHIER DES CHARGES

Le cahier des charges est le document qui fixe les **obligations du prestataire** dans le cadre d'une délégation de service public. Le moment du renouvellement de l'appel d'offres est donc l'occasion de travailler son contenu. Les parents peuvent être force de proposition pour faire monter en gamme la prestation. Leurs suggestions peuvent concerner la qualité et l'origine des produits, mais aussi la présentation des plats. C'est évidemment la collectivité qui aura le dernier mot et décidera ou pas d'intégrer tout ou partie des propositions parentales.

Certains cahiers des charges sont plus exemplaires que d'autres. Il semble cependant difficile d'ériger l'un d'eux en exemple, car d'un territoire à l'autre, les **contraintes** ne seront pas les mêmes. Il est notamment plus simple de lier des partenariats avec des agriculteurs et des éleveurs locaux en zone rurale. En outre, selon la région, on pourra privilégier certains fruits et légumes au détriment d'autres.

L'idée des paragraphes qui suivent n'est pas de présenter un cahier des charges type, mais plutôt d'aborder les points les plus importants à discuter.

Tout d'abord, exigez un **quota précis** de produits ultratransformés (x % maximum). Dans le 18e arrondissement, le cahier des charges indique seulement qu'ils devront être évités… Autant dire qu'avec une formulation aussi floue, le prestataire fait exactement ce qu'il veut ! Impossible de lui dire : « *Vous ne respectez pas votre engagement sur ce point du cahier des charges, car vous avez servi y % au lieu des x stipulés.* » Exigez en parallèle des produits « faits maison » réalisés le plus souvent possible à partir de **produits bruts** (il faut bannir les tartes réalisées avec des fonds industriels, les fonds de sauce, etc.).

Le **sucre** aussi doit être encadré. Pas juste « limité », comme le cahier des charges du 18e arrondissement de Paris le stipule. Les industriels sont malins, ils créent des desserts avec à peine moins de 20 g de sucre pour ne pas être contingentés par les fréquences réglementaires du GEM-RCN. Pourtant, 19 g de sucre (soit 4 morceaux) pour un yaourt ou une crème dessert, c'est encore beaucoup trop ! Fixez un seuil que vous jugez acceptable (pour information, moins de 15 g, c'est déjà 3 morceaux) ; concernant les yaourts, demandez-les nature ou accompagnés d'une dosette de sucre de 5 g ou bien encore d'un peu de marmelade sans sucres ajoutés. Ayez en tête que lorsque les industriels proposent leurs propres « produits sucrés », ils ne lésinent pas sur la sucrière ! Battez-vous pour que ces produits n'aient tout simplement pas droit de cité dans vos cantines.

Réclamez l'**interdiction des OGM** (c'est particulièrement important avec l'arrivée des plats végétariens, s'ils ne sont pas bio) et n'attendez pas 2022 que les collectivités soient contraintes et forcées de passer au bio pour demander un pourcentage de produits labellisés AB (ou tout autre label équivalent).

Tentez de faire monter en gamme les produits d'origine animale en poussant en avant le Label Rouge et la pêche responsable. Si tous les poissons et les viandes peuvent être labellisés, vos enfants ne s'en porteront que mieux. Tâchez de faire interdire les « gros poissons » et poissons prédateurs qui contiennent davantage de mercure (silure, maquereau, thon, tilapia, anguille, panga [ou pangasiu], blanquillo, chabot, sébaste). Tentez aussi de bouter hors des plateaux-repas les préparations à base de viande reconstituée.

Autres produits à mettre au ban :

- ✔ L'**huile de palme** qui est une catastrophe sur le plan écologique (même l'huile prétendument « verte »), mais qui est très appréciée de l'agroalimentaire, car elle est moins chère, neutre en goût, et sa forte concentration d'acides gras saturés offre une meilleure stabilité (50 % de l'huile de palme reste solide à température ambiante, ce qui permet de limiter l'emploi de graisses hydrogénées) et une bonne concentration du produit fini.

- ✔ Les **matières grasses hydrogénées** (matières grasses à l'état liquide que l'on transforme chimiquement pour les rendre solides), à l'origine de maladies cardiovasculaires. Malheureusement, on les retrouve partout dans les produits industriels.

COMMENT COMPENSER À LA MAISON ?

Ce chapitre ne concerne évidemment que les enfants qui déjeunent dans des cantines où les repas ne sont pas « maison » et à qui l'on sert des produits majoritairement transformés, c'est-à-dire insuffisants (voire nuls) sur le plan nutritionnel, riches en sucre et chargés en pesticides, additifs et potentiellement en OGM. « *Généralement, les industriels indiquent en gros l'absence d'OGM pour se démarquer. Si rien n'est précisé, c'est qu'il y en a certainement…* », pronostique Valérie Jacquier. Marie-Line Huc se veut néanmoins rassurante : « *Dans les fiches fournisseurs que j'étudie, actuellement, tous annoncent une garantie sans OGM.* »

Votre enfant fait partie des petits malchanceux qui consomment de la malbouffe ? Commencez par bannir chez vous le maximum de produits ultratransformés. Boutez hors des placards les biscuits du goûter et mettez-vous à la **pâtisserie**. Faire un gâteau au yaourt ou au chocolat prend dix minutes et vous en aurez pour toute la semaine. En plus, la facture sera moins élevée et Junior fera bien des envieux.

Suivez aussi ces conseils de Valérie Jacquier :

> « Quand vous reprenez les manettes, c'est vous qui avez la main sur le sucrier. Vous pouvez donc limiter la quantité de saccharose, avantageusement remplacé par des fruits frais de saison ou des fruits séchés. Vous aidez ainsi votre enfant à se déshabituer du sucre, présent partout en trop grande quantité ; quelques amandes ou noisettes compléteront parfaitement le goûter.
>
> Si vous n'êtes pas un mordu de cuisine, ne cherchez pas à vous transformer en chef étoilé. Faites simple, mais organisez-vous différemment et remettez-vous aux fourneaux pour ne pas être tenté de réchauffer un plat préparé. »

Au menu : veloutés de légumes ou de légumes secs, crudités, légumes rôtis, en gratin, avocats, desserts de fruits… autant de source d'énergie pour les enfants. Il existe mille manières créatives et gourmandes de cuisiner les **aliments végétaux**. Autant éduquer tôt les enfants à manger ces aliments souvent et sous toutes les formes !

> « Forgez le palais de vos tout-petits avec des fromages artisanaux. Faites-leur goûter à tout, n'hésitez pas à leur représenter plus tard ceux qu'ils ont boudés. En revanche, bannissez les Kiri, Vache qui rit et autres Babybel ! Ce ne sont pas des fromages au sens propre, et ils en consomment déjà souvent à la cantine », poursuit notre nutritionniste.

Si vous tenez vraiment aux yaourts, achetez-les **nature** et ajoutez un **fruit de saison** (frais ou sec), une lichette de miel, ou servez-les avec de la compote ou de la marmelade peu sucrée ou sans sucres ajoutés.

Et bien sûr, dans la mesure du possible, achetez des produits bio et locaux (au moins français). Les AMAP ont innervé l'Hexagone. On trouve des fruits et légumes de paysans du département ou de la région jusque dans les grandes métropoles. Les **enseignes bio** ont colonisé les agglomérations. On peut y acheter de plus en plus souvent des céréales et des légumineuses en **vrac**. C'est potentiellement plus cher au kilo, mais sans le coût de l'emballage, le prix final peut s'avérer moins élevé qu'en agriculture traditionnelle, et ce d'autant que les **céréales semi-complètes**, plus riches en fibres, rassasient bien mieux. Pour la viande, ne vaut-il pas mieux en manger de temps en temps seulement, mais de bonne qualité, en veillant à l'origine et aux pratiques d'élevage ? Tout en diversifiant par ailleurs votre alimentation avec des **protéines végétales** (légumineuses, noix et graines, céréales).

CONCLUSION : « INFORMATION = POUVOIR »

J'ai commencé ma carrière professionnelle en tant que coordinatrice associative dans le monde du sida. C'était au début des années 2000, vingt ans après la découverte de ce virus. Durant deux ans, j'ai été amenée à rencontrer l'ensemble de ses acteurs : institutionnels, chercheurs, militants, associatifs et malades. C'est là que j'ai découvert pour la première fois un mot aujourd'hui galvaudé : *empowerment*. En français, on le traduit (mal) par « autonomisation », mais cette pâle traduction n'intègre pas la dimension politique du concept. Très en vogue, l'**empowerment** renvoie à la prise du pouvoir par les individus, pour les individus, sans attendre qu'on les invite à agir. Dans les années 1980, les malades étaient condamnés et les médecins, totalement déroutés. Les traitements n'existaient pas, et la Grande Faucheuse décimait à tour de bras. Soutenus par leur entourage, les malades ont refusé la fatalité. Ils se sont organisés. Leur premier combat a été celui de l'information. « Information = pouvoir ». Vous souvenez-vous de ce slogan d'Act Up ? Il me trotte souvent dans la tête, car c'est la clé de tout.

Je ne veux évidemment pas comparer ce qui n'est pas comparable ! J'entends d'ici les quolibets, devine les haussements de sourcils consternés ; pire, les regards outrés. Ce que j'essaie de dire, peut-être maladroitement, c'est qu'il est indispensable de comprendre et de maîtriser le fonctionnement de quelque chose pour **s'organiser et agir efficacement**. Cela est vrai pour tout, peu importe le domaine. Comment lutter contre la malbouffe dans les cantines quand on ignore ses règles ?

J'ai très peu abordé l'aspect politique dans ce livre. Il faudrait presque écrire un second tome ! J'ai cependant souligné à plusieurs reprises l'importance de la **volonté politique**. Pour que ça bouge dans les cantoches, il faut que les responsables le veuillent. Si ce n'est pas le cas, il faut les mettre face à leurs responsabilités. L'*empowerment*… vous voyez où je veux en venir ?

Dans le 18e, nous nous sommes heurtés à un mur. Les parents ont été traités avec mépris, infantilisés, suspectés d'être des journalistes en mal de papier (ça, c'était pour moi !), des espions à la solde des concurrents du délégataire pour obtenir le nouveau marché, des lobbyistes antiplastique… À aucun moment, les membres du collectif n'ont été perçus comme des parents soucieux du bien-être de leurs enfants.

Quelle option restait-il ? Connaître notre sujet sur le bout des doigts ; muscler nos connaissances afin d'en savoir plus que les décideurs et les renvoyer à leur incompétence. **Notre expertise** est aujourd'hui reconnue. Elle impressionne. C'est notre force. Nous sommes désormais crédibles auprès des partenaires et de certains élus sensibles à notre cause. Nous n'avons pas attendu que le maire, ses adjoints, ni le conseil de gestion de la caisse des écoles nous invitent à leur table de discussion. Nous nous sommes imposés au banquet. Nous ne sommes plus manipulables. Leur langue de bois glisse désormais sur nous. Il leur reste encore bien sûr le pouvoir de nuire. Ce sont eux qui décident en dernier ressort des modes de gestion et de préparation, du prix qu'ils acceptent de mettre dans les assiettes de nos rejetons. Ils ont perdu en revanche le pouvoir de nous endormir.

LEXIQUE

ADEME : Agence de l'environnement et de la maîtrise de l'énergie

ANSES : Agence nationale de sécurité sanitaire de l'alimentation, de l'environnement et du travail

CNA : Conseil national de l'alimentation

DGCCRF : Direction générale de la concurrence, de la consommation et de la répression des fraudes

DSP : Délégation de service public

EFSA : Autorité européenne de sécurité des aliments

FNAB : Fédération nationale d'agriculture biologique

GAB : Groupement des agriculteurs biologiques

GEM-RCN : Groupement d'étude des marchés en restauration collective et de nutrition

HCSP : Haut Conseil à la santé publique

INAO : Institut national de l'origine et de la qualité

INRA : Institut national de la recherche agronomique

OMS : Organisation mondiale de la santé

PNA : Programme national pour l'alimentation

PNNS : Programme national nutrition santé

SIRESCO : Syndicat intercommunal pour la restauration collective

SRC : Société de restauration collective

REMERCIEMENTS

Mes remerciements vont tout d'abord naturellement à Anne, Antoine, Marie, Samia, Constance, Sophie, Abdé, Alexandre, Raki et Stan, véritable noyau du collectif Les enfants du 18 mangent ça. Je n'ai cessé de le répéter, je ne le répéterai jamais assez : sans eux ce livre n'existerait pas. Tous les jours, ce sont 50, 100, 150… messages qui s'échangent entre nous pour tenter de faire avancer la cause des enfants.

Je tiens ensuite à remercier mon conjoint, Rodolphe, qui m'a soutenue dans ce combat contre la malbouffe et a accepté de voir le contenu de notre Frigidaire se transformer, se transformer… !

Ce livre n'aurait évidemment pas vu le jour sans les nombreux experts (notamment Marie-Line Huc et Valérie Jacquier que j'ai particulièrement sollicitées) qui ont pris du temps pour me répondre avec gentillesse et pédagogie.

Ce livre n'aurait pas été le même si je n'avais pas rencontré Pryscillia et Charles-Maxence, les deux enfants de Philippe Durrèche, expert que j'ai cité à tour de bras ! Sans me connaître, ils m'ont fait un merveilleux cadeau qui m'a profondément émue : le manuscrit de leur papa. Mille mercis à vous deux pour votre confiance. Votre papa s'est révélé une précieuse aide. À travers ce livre, je suis honorée de raviver sa mémoire.

Plein, plein de mercis aussi à Sophie Carquain, à mes éditrices de choc qui m'ont donné leur feu vert en un temps éclair et à ma correctrice.

ANNEXES

ARRÊTÉ DU 30 SEPTEMBRE 2011 SUR LA QUALITÉ NUTRITIONNELLE DES REPAS SERVIS EN RESTAURATION SCOLAIRE[98]

Les déjeuners et dîners servis dans le cadre de la restauration scolaire comprennent nécessairement un plat principal, une garniture, un produit laitier et, au choix, une entrée et/ou un dessert.

La variété des repas est appréciée sur la base de la fréquence de présentation des plats servis au cours de 20 repas successifs selon les règles fixées à l'annexe I du présent arrêté.

La taille des portions servies doit être adaptée au type de plat et à chaque classe d'âge. Les gestionnaires des restaurants scolaires doivent exiger de leurs fournisseurs que les produits alimentaires qu'ils livrent soient conformes aux valeurs précisées à l'annexe II du présent arrêté.

L'eau est à disposition sans restriction.

98. https://www.legifrance.gouv.fr/affichTexte.do?cidTexte=JORFTEXT000024614763

Le sel et les sauces (mayonnaise, vinaigrette, ketchup) ne sont pas en libre accès et sont servis en fonction des plats.

Le pain doit être disponible en libre accès.

Annexe I :

FRÉQUENCES DE PRÉSENTATION DES PLATS

- produits gras : produits à teneur en matières grasses supérieure à 15 %;
- produits sucrés : produits contenant plus de 20 g de sucres simples totaux par portion;
- plat protidique : plat principal à base de viandes, poissons, œufs, abats ou fromages.

Les fréquences figurant ci-dessous sont définies sur la base de 20 repas successifs.

Pour garantir les apports en fibres et en vitamines, il convient de servir :

- au moins 10 repas avec, en entrée ou accompagnement du plat, des crudités de légumes ou des fruits frais;
- au moins 8 repas avec en dessert des fruits crus;
- 10 repas avec, en garniture ou accompagnement du plat protidique, des légumes cuits, autres que les légumes secs;
- 10 repas avec, en garniture ou accompagnement du plat protidique, des légumes secs, féculents ou céréales.

Pour garantir les apports en calcium, il convient de servir :

- au moins 8 repas avec, en entrée ou en produit laitier, des fromages contenant au moins 150 mg de calcium par portion;

- au moins 4 repas avec, en entrée ou en produit laitier, des fromages dont la teneur en calcium est comprise entre 100 mg et 150 mg par portion ;
- au moins 6 repas avec des produits laitiers ou des desserts lactés contenant plus de 100 mg de calcium et moins de 5 g de matières grasses par portion.

Pour garantir les apports en fer et en oligoéléments, il convient de servir :
- au moins 4 repas avec, en plat protidique, des viandes non hachées de bœuf, veau, agneau ou des abats de boucherie ;
- au moins 4 repas avec, en plat protidique, du poisson ou une préparation d'au moins 70 % de poisson et contenant au moins deux fois plus de protéines que de matières grasses ;
- moins de 4 repas avec, en plat protidique, une préparation à base de viande, de poisson ou d'œuf contenant moins de 70 % de ces produits.

Pour limiter les apports en matières grasses, il convient de ne pas servir :
- plus de 4 entrées constituées de produits gras ;
- plus de 3 desserts constitués de produits gras ;
- plus de 4 plats protidiques ou garnitures constitués de produits gras à frire ou préfrits ;
- plus de 2 plats protidiques qui contiendraient autant ou plus de matières grasses que de protéines.

Pour limiter les apports en sucres simples, il convient de ne pas servir :
- plus de 4 desserts constitués de produits sucrés et contenant moins de 15 % de matières grasses.

Annexe II :

GRAMMAGES DES PRODUITS PRÊTS À CONSOMMER
PRÉPARÉS PAR DES FOURNISSEURS EXTÉRIEURS

Les tailles des portions figurant dans le tableau ci-dessous peuvent être adaptées à hauteur de 10 % en plus ou en moins de la valeur indiquée.

PRODUITS LIVRÉS PRÊTS À CONSOMMER en grammes (+/- 10 %) sauf exceptions signalées	DÉJEUNER OU DÎNER des enfants en classe maternelle	DÉJEUNER OU DÎNER des enfants en classe élémentaire	DÉJEUNER OU DÎNER des adolescents en collège ou lycée
ENTRÉES DE PRÉPARATIONS PÂTISSIÈRES SALÉES			
Crêpes, nems, beignets	50		100
Friand, feuilleté	55 à 70		80 à 120
Pizza, tarte salée	70		90
VIANDES (sans sauce)			
Fingers, beignets, nuggets de volailles de 20 g pièce crus (à l'unité)	2	3	5
Merguez, chipolatas, saucisses de Francfort, de Strasbourg, de Toulouse, de volaille, autres saucisses variées de 50 g pièce crue (à l'unité)	1	2	2 à 3
Boulettes de bœuf, d'agneau, de mouton, ou de mélanges variés de 30 g pièce crues (à l'unité)	2	3	4 à 5
Paupiette de veau, de volaille, de lapin, cordon bleu, escalope panée de volaille ou d'autres viandes	50	70	100 à 120

PRODUITS LIVRÉS PRÊTS À CONSOMMER en grammes (+/- 10 %) sauf exceptions signalées	DÉJEUNER OU DÎNER des enfants en classe maternelle	DÉJEUNER OU DÎNER des enfants en classe élémentaire	DÉJEUNER OU DÎNER des adolescents en collège ou lycée
Steak haché de bœuf, hamburger de bœuf	50	70	100
Viande hachée pour bolognaise, steak haché de veau, hamburger de veau, rissolette de veau	50	70	80 à 100
POISSONS (sans sauce)			
Beignets, poissons panés ou enrobés (croquettes, paupiettes, ...)	50	70	100 à 120
PLATS COMPOSÉS			
Poids minimum de denrée protidique du plat composé (choucroute, paëlla, hachis parmentier, brandade, légumes farcis, raviolis, cannellonis, lasagnes, autres plats composés)	50	70	100 à 120
Poids de la portion de plat, comprenant denrée protidique, garniture et sauce (choucroute, paëlla, hachis parmentier, brandade, légumes farcis, raviolis, cannellonis, lasagnes, autres plats composés)	180	250	250 à 300
Préparations pâtissières (crêpes, pizzas, croque-monsieur, friands, quiches et autres) servies en plat principal	100	150	200
Quenelle	60	80	120 à 160

PRODUITS LIVRÉS PRÊTS À CONSOMMER en grammes (+/- 10 %) sauf exceptions signalées	DÉJEUNER OU DÎNER des enfants en classe maternelle	DÉJEUNER OU DÎNER des enfants en classe élémentaire	DÉJEUNER OU DÎNER des adolescents en collège ou lycée
DESSERTS			
Pâtisseries fraîches ou surgelées, à base de pâte à choux, en portions ou à découper	20-45		40-60
Pâtisseries fraîches, surgelées ou déshydratées, en portions, à découper ou à reconstituer	40-60		60-80
Pâtisseries sèches emballées (tout type de biscuits et gâteaux se conservant à température ambiante), servies en repas principaux	20-30	30-50	
Glaces (en ml)	30-70	50-100	50-120
Mousse (en cl)			

Source : https://www.legifrance.gouv.fr/affichTexte.do?cidTexte=JORFTEXT000024614763

CIRCULAIRE N° 2001-118 DU 25 JUIN 2001 RELATIVE À LA RESTAURATION SCOLAIRE[99]

Points clés :
L'alimentation des élèves a une importance capitale pour leur développement physique et mental. Les effets néfastes des carences ou du déséquilibre alimentaire sur la croissance et les capacités d'apprentissage sont bien connus.

Il convient à cet égard de prendre en compte le confort des élèves dans les restaurants scolaires. La qualité de l'environnement (aménagement des locaux, mobilier adapté, attention portée aux nuisances sonores…) est essentielle dans une organisation de qualité pour les repas servis en milieu scolaire. De même, le temps accordé pour la prise alimentaire est aussi important que le contenu de l'assiette. Ce temps du repas doit être d'une demi-heure minimum et ne doit pas comporter l'attente éventuelle pour le service. Dans toute la mesure du possible, et selon le fonctionnement propre à chaque école ou établissement, il est recommandé que les emplois du temps soient élaborés en tenant compte de la pause méridienne.

Les enfants ne prennent en général dans le cadre scolaire qu'un nombre restreint de leurs repas annuels ; l'école ne peut donc à elle seule assurer l'équilibre alimentaire des enfants. En revanche, elle peut assurer une formation élémentaire du goût, en multipliant les occasions de découverte et une éducation nutritionnelle en expliquant la nécessité de la diversité alimentaire et les inconvénients des stéréotypes.

99. http://circulaire.legifrance.gouv.fr/pdf/2009/04/cir_1678.pdf

L'école joue un rôle important, notamment dans l'éveil au goût chez les élèves. Elle doit les aider, en complémentarité avec les familles, à choisir leurs propres aliments chaque fois qu'ils peuvent le faire en dépit des tendances, des médias et des traditions et leur faire connaître les effets de l'alimentation sur leur santé.

Il serait souhaitable d'organiser autour de l'alimentation des animations dont les grands axes pourraient être :

- d'éduquer le goût des élèves, valoriser le patrimoine culinaire et promouvoir des produits de bonne qualité gustative et nutritionnelle ;
- de mettre en avant un vocabulaire précis concernant les saveurs, surtout auprès des enfants qui font des confusions afin qu'ils soient capables de définir clairement leurs sensations ;
- d'expliquer les secrets de fabrication des aliments et leur composition ;
- de déguster des spécialités de pays ;
- de découvrir les odeurs, les épices et les essences.

Il importe d'impliquer tous les personnels de l'école ou de l'établissement ainsi que les familles dans cette démarche d'éducation.

Il est recommandé d'utiliser des produits basiques et simples mais si l'on utilise des produits transformés, il convient d'être vigilant quant à leur composition, notamment en ce qui concerne leur apport protidique et lipidique. L'étiquetage de ces produits et notamment leur valeur nutritionnelle doivent être pris en compte en fonction des besoins identifiés précédemment. Une formation devra être mise en place pour les personnes responsables des achats.

Une attention particulière sera apportée aux matières grasses, principalement à celles de cuisson et les fritures ne seront utilisées que rarement dans les préparations alimentaires. De la même façon, il est préférable d'habituer les enfants à manger peu salé.

Les informations suivantes doivent figurer sur les menus : date ; dénomination précise de chacun des plats servis, avec explication complémentaire si nécessaire (par exemple indiquer que la purée Saint-Germain est une purée de pois cassés) ; indication des plats recommandés [...], avec information simple sur la valeur nutritive du plat par utilisation de repères de couleur ou de pictogrammes en correspondance avec les groupes d'aliments fixés par le Comité français d'éducation pour la santé (CFES).

Le prestataire doit pouvoir fournir à l'établissement la preuve que les fréquences par catégories d'aliments sont respectées au minimum pour 20 repas suivant le tableau récapitulatif en annexe 5.

BIBLIOGRAPHIE

LIVRES, ENQUÊTES ET GUIDES

« Allergie alimentaire de l'enfant : PAI et restauration collective », Marie-Claude Romano, dans *Revue de santé scolaire et universitaire*, sept.-oct. 2013, nº 23, http://www.afpssu.com/wp-content/uploads/2014/04/allergie-et-PAI.pdf

Cantines : le règne de la mal-bouffe ?, Philippe Durrèche et Jacques Pélissard, Mordicus, août 2010.

« Cantines bio, le guide pratique des parents », collectif Un plus bio, http://www.unplusbio.org/wp-content/uploads/2016/11/Cantines-Bio-Guide-pratique-des-parents-Un-Plus-Bio.pdf

« Cantines bio : une multitude de ressources pour répondre à vos questions et vous aider à convaincre », Générations futures, https://www.generations-futures.fr/wp-content/uploads/2017/09/fiche-cantine-bio_finale.pdf

« Équilibre nutritionnel dans les collèges et lycées », UFC-Que Choisir, 28 novembre 2017.

Halte aux aliments ultratransformés ! Mangeons vrai, Anthony Fardet, Thierry Souccar Éditions, juin 2017.

« Les enjeux de la restauration collective en milieu scolaire », CNA, Avis 77, 4 juillet 2017.

« Approche du coût complet des pertes et gaspillage alimentaire en restauration collective », ADEME, rapport d'étude, août 2016.

« Pas de plastique dans nos assiettes ! », association Cantine sans plastique, Éditions du détour, à paraître.

Quand les cantines se rebellent, Julien Claudel et Stéphane Veyrat, Court-Circuit, 2015.

Réduire le gaspillage alimentaire en restauration collective. Guide pratique, ADEME, 3e édition, avril 2017.

« Sois bien dans ton assiette. Charte de la restauration scolaire », conseil général des Pyrénées-Orientales.

Sucre, l'amère vérité, Dr Robert Lustig, Thierry Souccar Éditions, octobre 2017.

Sucre, sel et matières grasses, comment les industriels nous rendent accros, Michael Moss, Calmann-Lévy, septembre 2014.

« Viande et produits laitiers : l'État laisserait-il les lobbies contrôler l'assiette de nos enfants ? », Greenpeace, décembre 2017.

DOCUMENTAIRES

Les casseroles de la restauration collective, Céline Destève. Diffusé le 3 mai 2016 sur France 5. En ligne sur YouTube à l'adresse : https://www.youtube.com/watch?v=EwkXR6KaOoY&t=753s

Nos enfants nous accuseront, Jean-Paul Jaud, 5 novembre 2008.

Sucre, le doux mensonge, Michèle Hozer. Diffusé le 13 octobre 2015 sur Arte. En ligne sur YouTube à l'adresse : https://www.youtube.com/watch?v=wZR5_0c0BYc

Sugarland, Damon Gameau, 24 janvier 2018.

The Kids Menu, Kurt Engfehr, 1er avril 2016, http://www.kidsmenumovie.com et https://www.imdb.com/title/tt5170360/

Zéro phyto 100 % bio, Guillaume Bodin, 31 janvier 2018.

NOTES DE FIN

1. Ce chiffre a été récupéré dans la fiche action n° 18, « Les bonnes pratiques », octobre 2012, région Pays de la Loire.

2. Interview publiée dans *Elle* le 6 septembre 2010. http://www.elle.fr/Maman/News/Cantines-scolaires-le-regne-de-la-malbouffe-1595046

3. http://presse.inra.fr/Communiques-de-presse/Additif-alimentaire-E171

4. https://www.anses.fr/fr/system/files/REACH2016SA0278.pdf

5. https://www.pedagogie.ac-aix-marseille.fr/upload/docs/application/pdf/2012-05/fiche_barquettes_0valide.pdf

6. http://www.themavision.fr/jcms/rw_485341/restauration-collective-les-derniers-chiffres-cles-2016-et-les-tendances-a-venir

7. Cet exemple est issu du documentaire Les casseroles de la *restauration collective*, de Céline Destève.

8. La saumure (du latin *sal*, « sel », et « *muria* », « *saumure* », est une solution aqueuse d'un sel, généralement de chlorure de sodium (sel de cuisine) NaCI, saturée ou de forte concentration. Naturelle ou artificielle, elle est utilisée notamment comme conservateur pour les aliments (source : Wikipédia).

9. http://agriculture.gouv.fr/consommation-manger-local-partout-en-france

TABLE DES MATIÈRES

Achevé d'imprimer en août 2018
sur les presses de la Nouvelle Imprimerie Laballery
58500 Clamecy
Dépôt légal : août 2018
N° d'impression : 807021

Imprimé en France

La Nouvelle Imprimerie Laballery est titulaire de la marque Imprim'Vert®